ルドルフ=ブルト

ブルトマン

●人と思想

笠井 恵二 著

46

Century Books 清水書院

はじめに

私は一九四一(昭和一六)年に生まれたが、奇しくもこの年は、ブルトマンがドイツのアルピルスバッハの夏のつどいで、人々の前ではじめて「非神話化」の論争のもととなった講演をした年である。この大戦のさなかになされた講演によって、二〇世紀のキリスト教は大きな発展をしていく。二〇世紀のプロテスタント-キリスト教にはこのブルトマンと並んでバルトという巨人がいるが、このふたりの思想によって、今世紀の神学が形成されてきたのであり、このふたりから発した流れによって二〇世紀後半の神学思想も発展しつづけていると言って過言ではあるまい。

私は自分の生まれた年に、このブルトマンの画期的な「非神話化」の主張がなされたことに感慨をおぼえずにはいられない。当時ドイツは第二次世界大戦のさなかにあり、そして日本もこの年の一二月に真珠湾を攻撃して、破局への途を突っ走っていったのである。ヒトラーを生んだと同時にブルトマンのような人物も生みだしたドイツという国は不思議な国である。ブルトマンがこの革命的な、ある意味でキリスト教の歴史におけるひとつの新たな出発ともいうべき非神話化論を提唱したことは、科学技術の発達した現代に生きるわれわれにとって真に幸いなことであった。ブルトマンはわれわれに対して、知性を犠牲にすることなくして聖書の福音を受け入れ、それに生かされる道を示してくれたのである。

私は東京の駒場高校を卒業したあと、人生の進路にまよいつつ、青山学院大学文学部神学科に入学した。入った当初は、チャペルで祈禱会をひらき、賛美歌をうたう同級生が偽善的に見えていやでたまらなかった。最初の年は、なんとかいって別の学校に移りたいといっては母親を困らせた。そのような私が、二年になって、野呂芳男先生の組織神学の講義を受け、そこでブルトマンの神学を知らされたのである。これなら、このようなキリスト教なら自分もやっていける。このような方向でキリスト教を理解していきたいと思った。そして結局、修士課程まで六年間、青山学院大学にいたのである。つまりブルトマンの神学は、牧師の両親のもとに生まれながら、いやそれゆえにかもしれないが、キリスト教から離れていこうとしていた私をキリスト教にとどまらせ、キリスト教の真理の探究に生涯を向けさせたものなのである。バルトはたしかに偉大である。しかし私は、バルトの神学では、キリスト教から離れていかざるを得なかったであろう。

私は現在、いくつかの大学でキリスト教概論などの講義をしている。それまでキリスト教にまったく接してきたことのない学生を相手にするとき、バルトの神学を教えて、学生たちの心をキリスト教に向けさせる自信は私にはない。しかしブルトマンの思想を伝えてやると、それまでキリスト教にまったく興味をもっていなかった多くの学生が、キリスト教がこういうものだったなら、自分もキリスト教に納得できると語ってくれたのである。そういう意味でブルトマンの神学は、現代人の受け入れることのできる、現代人のためのキリスト教なのである。

そしてブルトマンの非神話化が戦争のさなかに提唱されたということは、戦争というような人間の愚行にゆさぶられることなく、それを越えたものが非神話化ということなのである。これが、現代における正しい聖書の読み方なのである、と私は確信する。

青山学院大学を出たあと、私は京都大学に進んだ。ここで私は、武藤一雄先生の講義でさらにブルトマンの歴史や倫理についての理解を深めることができた。さらにその後、私はスイスのバーゼル大学に行き、フリッツ＝ブーリ先生について学ぶことができた。ブーリ先生は、シュヴァイツァーとブルトマンとヤスパースから大きな影響を受けつつ独自の神学を形成された方である。今の私は、この三人の恩師との直接の出会いとともに、著書におけるブルトマンとの対話に支えられているがゆえに、聖書を読むことができ、そしてキリスト教を若い人々に伝えることができるのである。

私は本書を、これまで余りキリスト教に接してきたことのない人々に、ブルトマンがこの現代においてキリスト教の福音をどのように受け止め、それを語ろうとしたかを知ってもらいたいとの願いをこめて書いた。だからできるだけ専門的な議論に深入りすることは避け、大学の教養課程や短大の学生にわかってもらえることを心がけながら執筆した。これを読んで、さらに日本で出版されているブルトマンの著作集や専門の神学書に興味をもってくれる人々がでるなら、それは私の喜びである。

私はブルトマンの専門家というほどの者では決してない。ブルトマンについて執筆するにもっとふさわしい方は日本に他に大勢おられる。しかし、ブルトマンの入門書を書いてみてはという話があったとき、私がそういう方々をさしおいてこれを引き受けたのは、これを機会に、それまで親しみ、深い共感をおぼえていたブルトマンの思想を体系的に学んでみたいと思ったからである。そしてブルトマンの思想を全体をとおして見てみると、あらためてその真摯《しんし》な生涯と思想の偉大さに圧倒される思いであった。

二〇世紀のプロテスタント-キリスト教は、ブルトマンがもし出現しなかったとしたら、相当違った、貧弱なものになっていたにちがいない。また私自身、キリスト教から離れていたかも知れないのである。彼は科学の発達した現代において、われわれにキリスト教の真理を示し、聖書がわれわれの心を摑む手助けをしてくれるのである。

私は日本キリスト教団の牧師を数年したこともあるが、信徒の中にはブルトマンというと、不信仰の権化であるかのように非難する人もいた。しかしほとんどそのような人々は、「非神話化」という言葉以外にブルトマンについては何も知らずに彼を非難していたのである。この小著が、そのような人々にも、ブルトマンが生涯をかけて追求したものが、本当はどのようなものであったのかを伝えることができたなら幸いである。

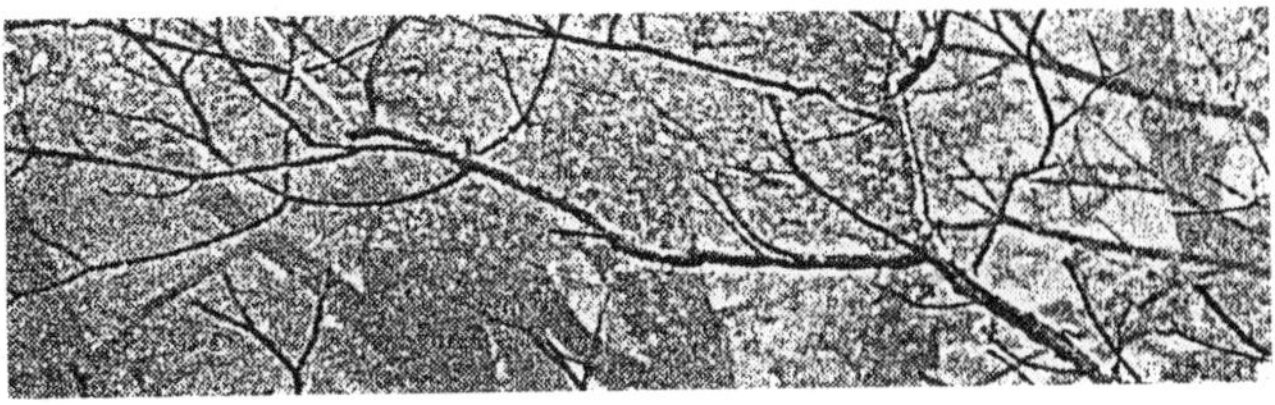

目次

オランダ
キール
ダンツィヒ
（グダニスク）
ハンブルク
オルデンブルク
ブレーメン
アムステルダム
ポーランド
ベルリン
ポズナニ
ドイツ
ゲッティンゲン
ハレ
ライプツィヒ
ベルギー
ケルン
ボン
マールブルク
ギーセン
ドレスデン
ブレスラウ
（ブロツラフ）
フランクフルト
ルクセンブルク
プラハ
ハイデルベルク
エルランゲン
チェコスロヴァキア
ストラスブール
フランス
テュービンゲン
フライブルク
ミュンヘン
ウィーン
バーゼル
チューリヒ
ベルン
スイス
オーストリア
ハンガリー
ジュネーヴ
ユーゴスラヴィア
ミラノ
ヴェネツィア
トリノ
イタリア
ジェノヴァ
ピサ
0
100
200km

ブルトマン関係地図

I　学者となるまで

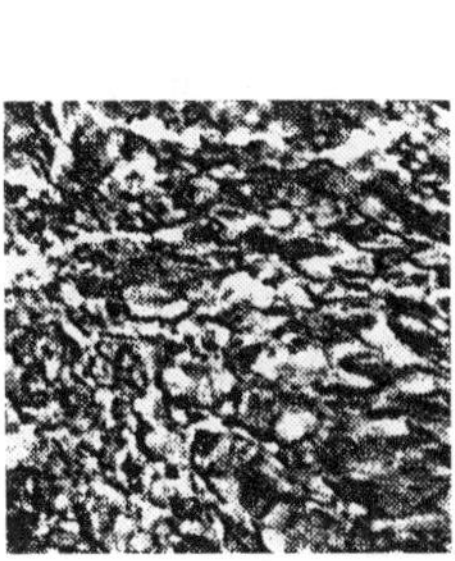

学生時代

宗教的雰囲気のなかで

ルドルフ＝カール＝ブルトマンは、一八八四年八月二〇日にルター派教会牧師アルトゥール＝ブルトマンと母ヘレーネの長男として、北ドイツ、オルデンブルクのヴィーフェルステーデに生まれた。このちょうど二年後の一八八六年の八月二〇日に、のちにマールブルク大学で同僚として教鞭をとることになるパウル＝ティリッヒがブランデンブルク州で生まれている。ブルトマンの生地ヴィーフェルステーデはブレーメンの北西に位置する静かな農村であり、彼は幼年時代、自然と親しく接しつつ成長していったわけである。ルドルフが生まれたとき、この村はオルデンブルク大公爵の領地に属していた。住民の大半はプロテスタントであり、ルドルフの誕生したとき父親はこの寒村の牧師をしていたが、その父、すなわちルドルフの祖父は宣教師をしていたこともあり、母方の祖父もバーデン州の牧師をしていた。こういうわけで、ブルトマンはプロテスタント-キリスト教の豊かな宗教的な雰囲気につつまれてこの世に生まれ、成長していったわけである。

また、ブルトマンの生まれた一八八四年には、ドイツにプロテスタント伝道協会の連盟が設立されている。ブルトマンが現代の人々に福音を受容させ理解させるために「非神話化」を提唱したことを考えると、この偶然も意義深いものに思えてくる。

デンマークの王家はオルデンブルク家とよばれているが、それはオルデンブルク家の創始者クリスティアン一世が、このオルデンブルクの出身だからである。彼は一四四八年にデンマークの王家を創設し、それ以後はこの地は弟のゲルハルトに受けつがれた。一六七六年にはオルデンブルクはデンマーク領とされた。また一八一〇年から一三年までは、ナポレオン一世によりフランス領とされたのであるが、ナポレオン敗退後のウィーン会議により、大公爵領とされた。ブルトマンはこの時期に生まれたわけであるが、一九〇〇年以来オルデンブルクの領主であった大公爵フリードリッヒ＝アウグストは一九一八年にその位を退いた。その後オルデンブルクは民主議会制による自由都市、ヒトラーの第三帝国の時代を経て、一九四六年以降は、西ドイツのニーダーザクセン州に属して今日に至っているのである。

まもなく父親がヴィーフェルステーデからラステーデに転任したので、ルドルフも一八九二年から九五年まで大公爵の別荘のあるこの町の小学校に通学した。一八九五年から一九〇三年までは汽車でオルデンブルクのギムナジウムに通ったが、彼の父も一八九七年からはオルデンブルク市のランベルティ教会の牧師になっていた。ルドルフにとってこの小学校とギムナジウムの日々は喜びに満たされた時代だった。勉学で彼が特に興味をいだいたのは、宗教の時間にくわえて、ギリシア語とドイツ文学史だった。これらがのちの彼の神学思想を形成するうえで強い助けとなるのである。

また、ときおり音楽会や劇場を訪れることも彼の大きな楽しみだった。

テュービンゲン大学入学　このような順調なギムナジウムでの生活ののち、一九〇三年に彼は卒業試験に合格し、テュービンゲン大学の神学部に入学した。彼が大学入学にさいして神学部を選んだのは、父親が牧師であり、すでに彼自身も神学にもっとも興味をもっていたからであろう。ドイツの大学では半年ごとに一学期となっているが、彼はまず三学期間ここで過ごした。テュービンゲンは小さな町であるが、大学はドイツでも有数の大きな規模の大学であり、すでに一四七七年に創立されている。今日でも神学部において、モルトマン、ユンゲルというような世界的な学者が講義をしている。ここで若いブルトマンは、ちょうど一九〇三年にブレスラウ大学から転任してきたカール＝ミュラー教授からとくに影響を受けた。ミュラーの専門分野は教会史であり、その学風は、観念論的な歴史学の方法にもかかわらず、一切の予断をしりぞけてもっぱら経験主義的な一般歴史学の立場にたって客観性を重視する教会史を形成しようとするものであった。このようなミュラーの立場は、はじめて本格的な神学に接した若いブルトマンに学問への興味を駆り立てるものであったろう。

グンケルの方法　このあと、一九〇五年に彼はベルリンに行って二学期間学ぶ。ベルリン大学は当時ドイツの最高学府だった。ベルリンはドイツ帝国の政治と文化の中心であり、この当時のベルリン大学神学部には、ハルナック、ゼーベルク、ホル、カフタン、グンケルといったそうそうたる学者が講義をしていた。そして一九〇六年にはバルトもベルリン大学で学んでいるが、このときにはこの二〇世紀の神学の両雄は一年のずれですれちがっている。
グンケルは一九〇七年にはギーセン大学に移っていったから、ブルトマンがこの時期にベルリンで直接グンケルに接することができたのは幸いだったと言うべきだろう。のちにブルトマンは新約聖書を様式史的方法によって研究し大きな成果をあげるわけであるが、このためには先達としてのグンケルの業績を忘れることはできない。グンケルは、J・F・W・ブセットとともに宗教史学派の指導者であり、旧約聖書の文学類型批評の第一の開拓者である。彼は類型的研究によって旧約聖書の創世記や詩篇を研究した。これによってこれらの文書はその背後に長い伝承の歴史をもっており、その様式や類型は早い時期の口伝の段階で形成されたのであり、バビロニア捕囚(紀元前五八七)以前におおよそ現存の形にまで発展したということが明らかにされた。このグンケルの類型的研究は大きな影響力をもつものだったが、彼はブルトマンがベルリンで会う四年前の一九〇一年に画期的な『創世記注釈』の第一版をだしていた。グンケルの類型的研究はブルトマンの新約聖書の様式史的研究と同一のものではないが、ブルトマンがグンケルの方法から大きな影響を受けていることは否定しえないことである。

自由主義神学者ハルナック

ブルトマンがベルリンで接して大きな影響を受けたもうひとりの大家は、アドルフ＝フォン＝ハルナックだった。ハルナックは、マールブルク大学のあと三二年間ベルリン大学で教会史を教えたが、彼は学会のもっとも有力な指導者として世界的な名声を

ハルナック

博し、ここの神学部の名をも世界的なものにしていた。彼は一八九〇年からプロイセン学士院会員となり、ブルトマンの出会った一九〇五年にはプロイセン国立図書館長になっていた。ハルナックは、さらに一九一一年には創設に尽力したカイザー＝ヴィルヘルム学術振興協会の総裁に就任している。彼の学風はグノーシス主義の研究から出発したが、それにとどまることなく新約聖書および教会史の全分野にわたって緻密《ちみつ》な研究をつぎつぎに発表しつづけた。福音のギリシア化という観点から記述された三巻の『教理史教本』は独創的かつ包括的なもので教理史の研究の歴史においても画期的なものである。この『教理史教本』において彼はキリスト教教義の成立を、ヘレニズム世界における福音と哲学思想の結合とみなし、それが中世をへて宗教改革において終結したと論じている。また彼はキリスト教と文化の総合をめざし、みずからその体現者となった。そこから正統的教会的立場との衝突をきたし、晩年にバルトと激しい論争をしたことは有名である。彼はまた教会政治にも興味をもち、文化的実際活動にも力を入れ、学問の進歩のために貢献した。たとえば古代教父たちの文献の大規模な出版を企画し、神学雑誌の発行に協力し、またキリスト教社会運動にも参加した。

　このハルナックの名をさらに世界的にしたものは『キリスト教の本質』で、ここでリッチュルの影響を受けた自由主義神学者としての彼の思想が明快に説かれている。この『キリスト教の本質』

はハルナックの膨大な学識の結晶であり、一八九九年から一九〇〇年にかけて冬学期に行われた講義を神学生ヴァルター＝ベッカーが速記したものである。これはハルナック生存中にイギリス、フランス、オランダ、ノルウェー、デンマーク、スウェーデン、ロシア、スペイン、マジャール、アイスランド、エストニア、ポーランドなどの言語に翻訳され、日本語訳も一九三九年に出されている。この本は歴史学的方法によって、キリスト教とは何か、その起源と発展はどうか、ということを明らかにしようとするものであり、イエスの説教の特質は、(1)神の国とその到来、(2)父なる神および人間霊魂の無限の価値、(3)よりすぐれた義と愛の命令、であるとされている。

ブルトマンは一九五〇年に出版されたこの『キリスト教の本質』の五〇周年記念新版に序文を書いている。その中でブルトマンは、新正統主義や信条主義が勢力をひろげようとしている現今の危険な事態において、このハルナックの自由を求める声をとぎれさせないことは絶対に必要であるとして、自分とは立場を異にするハルナックの意義を高く評価し賛美している。

またブルトマンはベルリンにいるとき、哲学と神学の講義に熱心に参加する以外、劇場や音楽会や美術館によく通ったと述懐している。彼は若いときから芸術への豊かな感受性にも恵まれていたのである。

マールブルク大学へ

ベルリンでの貴重な体験ののち、ブルトマンはマールブルクに移り、ここで二学期間学ぶ。ドイツの大学生は、日本のようにひとつの大学に入った

マールブルク

ら卒業までそこにとどまるというのではなく、二、三の大学を移るのが普通である。北ドイツ生まれのブルトマンがその若き日に、南ドイツのテュービンゲンと北東のベルリンと中部のマールブルクという三つの地方に住み、それぞれの大学で当時の一流の学者に直接接し、多くのよいものを吸収したのである。このように学生がいくつかの大学を移っていくことは、日本の人々には奇異にうつるかも知れない。しかしこのことは、ドイツにおいては至極あたり前のことであり、むしろひとつの大学しか経験しないで卒業してしまうなら、そのほうがよほど不思議に思われるのである。つまり、ギムナジウムを卒業するということはすなわち大学入学の資格ができたということであるから、学生は自分の関心のある教授のいる大学を訪れ、個人的に指導してもらうわけである。ドイツでは、就職や結婚のために、あるいは箔《はく》をつけるために大学に入学するのでなくて、純粋に学問のため、真理探究のために大学に入るのである。だから、どこの大学を出たかというようなことは自慢にも恥にもならないわけで、大学のレッテルで人を評価するというようなことはまったくできないことなのである。日本でも学生が北から南まで自分のすきなところに行って勉強できたら、もっと個性的な人材がそだつであろうが、それは現実には不可能なことである。

マールブルクはドイツ中央に位置するヘッセン州の中にあり、美しい城がライン河沿いにそびえる小さな町である。ここの大学は一五二七年に建てられたが、二年後にここで行われた「マールブルク会談」でいちやく有名になった。それは、当時腐敗していたカトリック教会を批判して宗教改革をはじめていたルター派とツヴィングリ派を一致させるために、一五二九年一〇月にヘッセン伯フィリップがマールブルクに招集した会談である。これにはルター、ツヴィングリ、メランヒトン、ブーツァーなどが参加した。またブルトマンが学んだ頃マールブルク大学〔フィリップ大学〕は、哲学の分野においても有名だった。ここで教鞭をとっていたコーヘンとナトルプを中心として、マールブルク学派が形成されていたが、これはハイデルベルクとならぶ新カント主義の牙城《がじょう》だった。

史的・批判的学風のユーリヒャー

マールブルクでブルトマンは、新約聖書学のアドルフ＝ユーリヒャー教授とヨハネス＝ヴァイス教授および組織神学のヴィルヘルム＝ヘルマン教授からとくに影響を受けた。

ユーリヒャー（一八五七～一九三八）は、ベルリン近郊のファルケンブルクに生まれ、ルメルスブルクの孤児院説教師という経歴を経て、一八八七年にベルリン大学の私講師となった。そして一八八八年から一九二三年まで、マールブルク大学で新約学と教会史を担当していた。一九二五年以後はほとんど完全に失明の状態になるという不運に見舞われたが、その主著『イエスの譬《たと》え話』（二巻、一八八八〜八九）は、イエスの語ったのは「譬え」であって「比喩」（アレゴリー）ではないということを初めて明らかにしたものだった。イエスが譬え話をしたのは、宗教的真理を抽象的に語るよりも、具体的な事柄をとおして人々にわかりやすく伝えようとしたからだということは今日ではあたり前のことになっているが、これは以前からそうなのではなかった。古来からの比喩的な解釈によると、たとえばイエスの毒麦の話において、「畑」とか「毒麦」というそれぞれの個々の言葉が特別のことを指しているとされた。この比喩的な聖書の解釈が古代のオリゲネス、アウグスティヌスから、中世・近世に至るまでなされてきたわけで、イエスの話を譬えとして解釈すべきであることを明確にしたユーリヒャーの功績は大きい。彼の学風は、歴史的批判的方法を用いて、広範な研究を行うもので、このほかに『新約聖書緒論』（一八九四）、『パウロとイエス』（一九〇七）や教父文書に関する研究もあり、彼が福音書の古ラテン訳である『イタラ』を校訂して出版したことは有名である。このようなユーリヒャーの史的・批判的な学風は、のちのブルトマンの非神話化の主張に強い影響を与えたものである。

宗教史学派のヴァイス

ヨハネス＝ヴァイス（一八六三〜一九一四）は、キールに生まれ、マールブルク、ベルリンなどの大学で学び、一八八八年よりゲッティンゲン大学で教鞭をとったあと、九五年からマールブルク大学の教授になっていた。

彼の『神の国に関するイエスの説教』(一八九二、第二版一九〇〇)や『ルカ福音書註解』(一八九三)は福音を一貫して終末論的に解釈しようとした最初のものであり、この解釈の方法はブルトマンに大きな影響を及ぼしたものである。ヴァイスは、イエスの使信は神の国の切迫した到来と自己のメシア性を告知する頃にあった、と主張し、また『パウロとイエス』(一九〇九)、『キリスト――教理の起源』(同)、『原始キリスト教』(一九一七)などにおいてキリスト教の教理の形成をたどったが、同時に「様式史」という概念をはじめて理論的に展開したのである。

ヴァイスは、一九世紀プロテスタント自由主義神学の指導者アルブレヒト＝リッチュルの娘と結婚し、リッチュル思想の継承者であるとともに宗教史学派の代表者のひとりだった。宗教史学派は一九世紀末から第一次世界大戦終結の頃までドイツでさかんだった学派である。それはキリスト教を特別の啓示の宗教として見ることをやめ、他の宗教とならぶひとつの宗教として取り扱い、周囲の宗教、文化、社会現象とのかかわりにおいてキリスト教の成立とその特徴を明らかにしようとするものだった。これはリッチュル学派から出てきたものであるが、リッチュル学派の史的研究の態度がキリスト教の啓示の特殊性を打ち破ることができないとして批判し、科学的な研究方法に徹しようとした。これの代表的な人物としては、旧約ではグンケル、新約ではヴァイス以外にブセット、ハイトミュラー、組織神学ではトレルチがいる。

宗教史学派は、啓示宗教とされていた聖書の宗教を周辺世界との関連において見、その結果としてキリスト教は相対的なものとされてしまった。彼らは、当時さかんになっていた諸文化の比較研究を利用し、言語学・宗教学・神話学・土俗学などの成果をとり入れて研究した。新約においては後期ユダヤ教とヘレニズムの世界を重視し、またユダヤ教の黙示文学におけるメシア思想と終末観をペルシアの宗教と関係させた。またイエスの神の国における終末論的見解を強調し、パウロの神学にヘレニズムの影響を見た。彼らの聖書の文学的研究は文体の研究にまで進んでいき、これが福音書の研究においては様式史的研究にまで発展していった。つまりブルトマンの様式史的研究はこの宗教史学派なくしては考えられないのであり、彼が若き日にヴァイス教授とめぐり会ったことがこれの深い要因をなしているのである。

組織神学の師ヘルマン

ヘルマン（一八四六〜一九二二）は、メルコウに牧師の子として生まれた。ハレ大学で神学を学び、一八七五年に母校の講師となり、七九年からマールブルク大学の組織神学の教授になっていた。彼はリッチュル学派の中でもっとも独創的な神学者といわれ、ブルトマンとともにマールブルクで学んだバルトにも大きな影響を与えた。ヘルマンの神学はその師リッチュルと同じくカントに依存している。彼は、カントの理性批判を用いて「証明可能な現実」と「体験可能な現実」とを分け、宗教はこの悟性的思惟に優越する「体験」において成立するとした。そしてヘルマンは、カントとフィヒテの影響のもとに、倫理的理想と人間の倫理的苦境の葛藤を説明し、「歴史的キリスト」の人格的な感化からこそ救済が可能となると主張した。この彼の「歴史的キリスト」とは、歴史的資料としての新約聖書の背後に見出される史的イエスとも、聖書的伝承のままの聖書的キリストとも区別されるもので、歴史的文献としての新約聖書のおおいを突き破って人間の内的生活に迫り、人間に救済の経験をもたらすイエスの内的生活のことである。またヘルマンは、信仰の「根拠」と「内容」を区別し、聖書に伝えられているキリスト像は信仰が生みだしたものであり、それは信仰を生じさせる媒介にすぎないのであって、信仰そのものの根拠は体験されたキリストにあると主張した。また彼は信仰と倫理の関係を強調し、宗教が倫理と密接にかかわるなら、それは必然的に歴史と結びつくとした。こうして彼は、歴史主義、信条主義、正統主義に陥ることなく、いま生きる「現実」の中でイエスにおいて神と交わるべきことを説いた。著書には、『世界認識と倫理性との関わりにおける宗教』（一八七九）、『キリスト者の神との交わり』（一八八六）、『倫理学』（一九〇一）、『我々に対する神の啓示』（一九〇八）、また死後出版された『教義学』（一九二五）などがある。

このようなヘルマンの、単なる史実から構成される史的イエスでもなく、聖書の記述のままの神話的キリスト像でもなく、福音の証言をとおして、いま人間と出会い、人間にはたらきかける歴史的キリストの内的生活にふれることが大切だとの主張は、ブルトマンの実存論的解釈に大きな影響を与えているということができるだろう。ブルトマンの専門分野は、新約聖書神学であったが、彼はそれにとどまらず、組織神学者としても卓越した技量を示したが、その背後にこのヘルマンの影響のあることを見のがすことはできない。ブルトマンはのちに多くの論文において、この師ヘルマンの名をあげているのである。

学位と大学教授資格

学位論文の執筆

ブルトマンが学生時代に、このように時代を形成していた当時一流の神学者たちと親しく接し、その指導を受けることができたことは、それからのブルトマンの成長にとって欠かすことのできない宝物だったといえるだろう。このようなことは日本ではなかなか考えられない。日本の大学生はひとつの大学に入学するのにエネルギーをつかいはたし、そして自分の入れたひとつの大学の先生としか接することができない。それも普通、大教室でとおくの方から接することが多いのである。

ブルトマンは二二歳のときに大学生の生活をおえると、まず一年間、ギムナジウムの教師をした。その翌年の一九〇七年には故郷オルデンブルクで最初の神学試験に合格した。恩師ヴァイス教授は、ブルトマンに新約聖書学を専攻して学位をとるようすすめ、そのための準備をしてくれた。ブルトマンは、この年の秋、マールブルクのピリピ神学寮の寮長の職と奨学金を得ることができた。こうして彼は、学位と大学教授資格の獲得に向かって専念することができたわけだが、これだけ配慮してくれたということから、恩師たちがこの若いブルトマンにすでに大きな期待をかけていたことがわかる。

またちょうどこの時期の一九〇八年に、のちにブルトマンとともに二〇世紀の神学を代表することになる二二歳のスイス人カール＝バルトがマールブルク大学に来た。この時からブルトマンは二歳年下のこの優れた神学生と親しく交わり、激しい議論をなしつつも終生変わることのない友情を結ぶことになるのである。またこの頃、バルトとともに弁証法神学の指導者となるトゥルナイゼンもマールブルクにいた。

話は余計なことになるが、私がスイスのバーゼル大学に行く前に、ドイツで学んだ恩師を訪問し、バーゼルのふたりの有名な組織神学者に指導してもらおうと思っていると言ったところ、それはやめておけと忠告された。ドイツやスイスでは学者はとことん議論し合って、それまで仲のよかった友人同士が、議論を真剣にやりすぎたため、友情に亀裂が生じて、犬猿の仲になっていることが多いから、指導を受ける教授はひとりだけにしておけ、という忠告であった。アメリカではいくら激しく議論しても、その時間が過ぎればまた冗談を言い合ってすんでしまうところが、ドイツ語圏ではそうはいかないようである。これに対して、日本人は関係がこわれるのを恐れて自分より目上と思われる人の言うことには、ただ相槌をうっておわらせてしまうので、あまり高度の議論はしにくいのではなかろうか。アメリカ式が理想的だと思うのではあるが、それはともかくとして幸い私の留学した学部ではそのようなことがなく、私はふたりのすぐれた組織神学者から親しく指導を受けることができた。しかし恩師の危惧どおり隣の学部では、ふたりの有力な教授の仲が非常に悪く、学生は片方の教授の弟子になると、もうひとりの教授の講義を聞くことも憚《はば》かられる、という状況であった。昔はヘーゲルとシェリングの仲がそのようであり、またバルトにおいても、意見のくい違いからブルンナーやゴーガルテンなどとの友情がこわれてしまったことがあるが、ブルトマンにはほとんどそのようなことを聞かない。これもブルトマンの謙虚な人柄によるものであろうか。

ブルトマンは、恵まれた状況のもとでヴァイス教授から与えられた課題『パウロの説教の文体と犬儒派・ストア派の講話』を執筆し、一九一〇年にリツェンツィアート（神学得業士。修士と訳す辞書もあるが、当時は Doktor 以上の学位だった）の学位を獲得する。この論文はこの年に出版されたが、その内容は、パウロに対してヘレニズム世界がいかに影響しているのかをパウロの手紙の文体を調べることによって考察し、それがその当時さかんであった哲学者たちの講話の文体と類似していることを明らかにしたものである。そしてブルトマンは、パウロが当時の哲学講話の影響を受けているにもかかわらず、内容的にはこれと大きな相違があることを主張している。

就職論文の執筆

次にユーリヒャー教授がブルトマンに教授資格論文を書くことをすすめた。教授は、彼に「モプスエスティアのテオドロスの釈義」という課題を与えてくれた。彼はこれに集中し、一九一二年に論文を完成した。これはモプスエスティアの主教テオドロス（三五〇頃～四二八）の聖書釈義の方法について研究したものである。テオドロスはアンテオケ学派の神学者でキリストの神人両性を区別し、ネストリウスの師であったともいわれる。彼はほとんど全聖書の註釈を書いたが、それにあたっては当時主流であった比喩的解釈を避け、歴史的・文献学的な方法を用いた。このテオドロスの、聖書の著者、年代、内容などの問題に関する言語学的、歴史的検討の開拓者としての功績は大きく、古代におけるユーリヒャーの先駆者ということができる。テオドロスがエペソ会議までのキリスト論の発展につくしたことは近年評価されている。

この論文は、師ユーリヒャーのすすめによるものであったが、テオドロスの方法は期せずしてブルトマンの聖書釈義の立場にも近いものがあり、彼はテオドロスに深い共感と尊敬をいだきながら執筆したことであろう。これの完成により、ブルトマンはマールブルク大学の新約学の私講師となり、ここで一九一六年秋まで教鞭をとることになる。

ハイトミュラーとの出会い

ブルトマンが私講師になったときは、恩師ヴァイス教授はハイデルベルクに転任していた。後任として一九〇八年よりヴィルヘルム＝ハイトミュラー（一八六九～一九二六）が来ていた。ハイトミュラーは宗教史学派の指導者で、特に原始キリスト教のサクラメントを研究し、これをヘレニズム宗教史の流れの中に位置づけようとした。『イエスの御名において』（一九〇三）は洗礼のサクラメントに関する言語史的・宗教史的な厳密な研究である。ほかに著書は『パウロにおける洗礼と聖晩餐』（一九〇三）、『原始キリスト教における洗礼と聖晩餐』（一九一一）などがあり、またブセットとともに雑誌「神学評論」を創刊した（一九〇一～一七）。ブルトマンは、一五歳年上のこのハイトミュラーと親しい交わりをなし、大きな恩義を受けたと感謝している。彼の大著『共観福音書伝承史』は、このハイトミュラーに捧げられている。

ラーデと「キリスト教世界」

この時期、ブルトマンは多くの時間を組織神学のラーデ助教授の家ですごした。マルティン＝ラーデ（一八五七～一九四〇）は、シェーンバッハおよびフランクフルトの教会の牧師を経たのち、一九〇四年よりマールブルク大学で教えていた。彼は、一八八六年から雑誌「キリスト教世界」を発刊しており、のちにバルトをその編集補佐として招いている。ラーデの神学はリッチュルとハルナックの影響を受けたものであり、またヘルマンとも親交があったが、その思想は宗教史学派に属しており、自由な批判の精神に富むものだった。さらに彼は一九〇〇年には「福音社会主義協議会」を創設し、良心の自由の擁護者となった。一九一〇年には、ベルリンで「自由キリスト教世界協議会」を開設し、キリスト教界に大きな貢献をしている。また一九一八年のワイマール共和国成立後は民主党員として議員団に属し、憲法制定にも参加している。このようなわけでその著作は多方面にわたっているが、代表的なものとしては、『マルティン・ルターの生涯と行為と思想』三巻（一八八四～八七）、『信仰論』三巻（一九二四～二七）などがある。

ブルトマンはこの頃、ラーデが編集する「キリスト教世界」の熱心な読者であり、この「キリスト教世界」の友の会のメンバーとなり、毎年の大会にも出席していた。そしてブルトマンの父も死ぬまでこの大会に参加していた。このラーデとの交わりのおかげで、ブルトマンは多くの自由主義的なプロテスタントの神学者たちと知り合うことができ、第一次世界大戦前後の教会と神学でさかんになされていた議論に参加していったのである。

第一次世界大戦　戦車が登場した。

ブレスラウ大学と第一次世界大戦

一九一六年の秋、ブルトマンはブレスラウ大学から助教授として招かれた。そこに彼は四年間とどまったが、ここで彼は結婚し、ふたりの娘が与えられるという思い出多い地となった。しかし、一九一四年からはじまった第一次世界大戦が一九一八年までつづき、戦争のおわりの頃には一家の生活は困窮した。しかも一九一七年には、末の弟がフランスで戦死するという悲劇もあじわった。しかし同時に彼は、この苦難の中で多くの友情と助力を経験することもできた。そしてこの困難の時、彼の気力は少しもおとろえず、この時期に彼は大著『共観福音書伝承史』を完成させたのである。ここからもブルトマンの不屈の精神と学問に対する情熱を見ることができる。この論文の出版は一九二一年になされている。

II

『共観福音書伝承史』と『イエス』

様式史的研究

大著『共観福音書伝承史』　ブルトマンは一九二一年、三七歳のときハイトミュラーの後任として、マールブルク大学の新約学の正教授に就任したが、この年に福音書の様式史的研究の方法を提唱したものとして大きな反響をよびおこした『共観福音書伝承史』を出版した。すでに一九一九年にM・ディベリウスは『福音の様式史』において、またK・シュミットは『イエスの歴史の枠』において様式史的研究方法を確立しているが、ブルトマンはこれらをさらに深めた形で独自の研究の成果をあげているわけである。様式史的研究とは、最初H・グンケルによって旧約学の分野ではじめられた聖書の文学的研究の方法である。グンケルは、創世記を文体の相違によって神話・物語・詩歌・散文・童話などに分類し、その成立・構造・性格などを明らかにしたが、この方法がディベリウスやブルトマンによって新約聖書の福音書の研究に応用されたとき、画期的な効果をあらわしたのである。周知のように、プロテスタント‐キリスト教において『聖書』というのは、三九巻の「旧約聖書」と二七巻の「新約聖書」とで『聖書』となる。そして「新約聖書」は福音書、使徒行伝、書簡、黙示録に分類され、この福音書がマタイ、マルコ、ルカの共観福音書とヨハネ福音書の二種類に分類されるわけである。ヨハネ福音書はギリシア思想の影響をつよく受けた独特の福音書であるが、さきの三つの福音書には共通している部分が多い。ブルトマンはこの三福音書の様式を比較検討することによって、そのもとになる伝承にせまっていこうとしたわけである。

『共観福音書伝承史』は序論「課題と方法」にひきつづき、第一部「イエスの言葉の伝承」、第二部「物語素材の伝承」、第三部「伝承素材の編集」に分かれている。一九三一年の第二版につけ加えられた序論「課題と方法」においてブルトマンは、この書において展開される研究は、個々の伝承の歴史を叙述しようとするものであると語っている。それはそれぞれの伝承の発生にはじまり、三つの共観福音書の中に定着されるまで、あるいはそれを越えてそれらの歴史を叙述することを意図している。様式史的研究は単なる美学的な考察ではなく、また単なる記述と分類の手続きにとどまるものではない。様式史的研究の課題は、伝承の断片の成立と歴史を再構成し、それによって文となる以前の伝承の歴史を解明することにある。課題をこのように理解することは、原始キリスト教の共同体の生活を凝縮したものとしての文学が、その共同体のきわめて特殊な生活上の必要から生まれたものであり、それらが一定の文体や様式や文学類型を生みだしたという認識に基づいている。祭儀、労働、狩猟、戦争というようなさまざまの性格をもつ文学類型は、それぞれの固有の「生活の座」（生活環境）をも

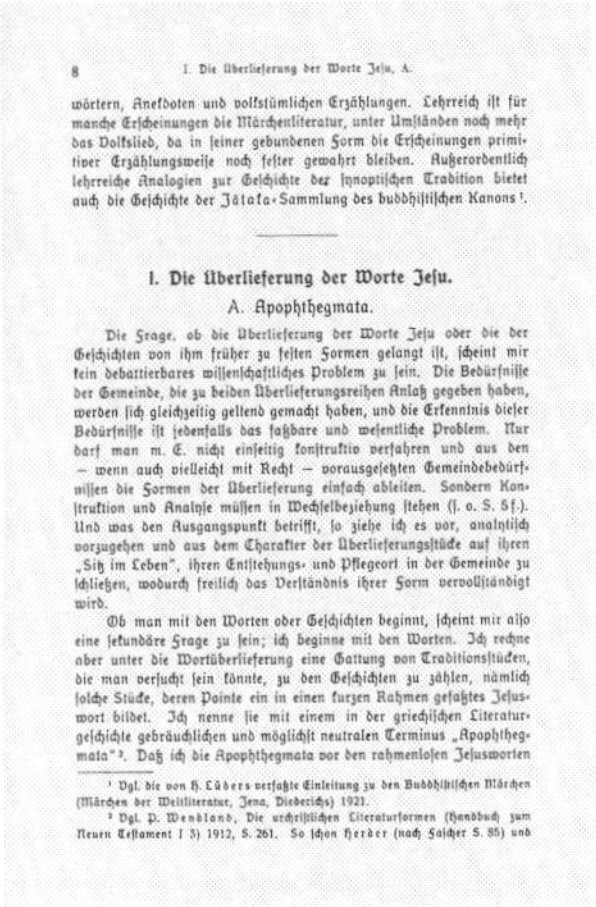
8 I. Die Überlieferung der Worte Jesu, A.

wörtern, Anekdoten und volkstümlichen Erzählungen. Lehrreich ist für manche Erscheinungen die Märchenliteratur, unter Umständen noch mehr das Volkslied, da in seiner gebundenen Form die Erscheinungen primitiver Erzählungsweise noch fester gewahrt bleiben. Außerordentlich lehrreiche Analogien zur Geschichte der synoptischen Tradition bietet auch die Geschichte der Jātaka-Sammlung des buddhistischen Kanons [1].

I. Die Überlieferung der Worte Jesu.

A. Apophthegmata.

Die Frage, ob die Überlieferung der Worte Jesu oder die der Geschichten von ihm früher zu festen Formen gelangt ist, scheint mir kein debattierbares wissenschaftliches Problem zu sein. Die Bedürfnisse der Gemeinde, die zu beiden Überlieferungsreihen Anlaß gegeben haben, werden sich gleichzeitig geltend gemacht haben, und die Erkenntnis dieser Bedürfnisse ist jedenfalls das faßbare und wesentliche Problem. Nur darf man m. E. nicht einseitig konstruktiv verfahren und aus den — wenn auch vielleicht mit Recht — vorausgesetzten Gemeindebedürfnissen die Formen der Überlieferung einfach ableiten. Sondern Konstruktion und Analyse müssen in Wechselbeziehung stehen (s. o. S. 5f.). Und was den Ausgangspunkt betrifft, so ziehe ich es vor, analytisch vorzugehen und aus dem Charakter der Überlieferungsstücke auf ihren „Sitz im Leben", ihren Entstehungs- und Pflegeort in der Gemeinde zu schließen, wodurch freilich das Verständnis ihrer Form vervollständigt wird.

Ob man mit den Worten oder Geschichten beginnt, scheint mir also eine sekundäre Frage zu sein; ich beginne mit den Worten. Ich rechne aber unter die Wortüberlieferung eine Gattung von Traditionsstücken, die man versucht sein könnte, zu den Geschichten zu zählen, nämlich solche Stücke, deren Pointe ein in einen kurzen Rahmen gefaßtes Jesuswort bildet. Ich nenne sie mit einem in der griechischen Literaturgeschichte gebräuchlichen und möglichst neutralen Terminus „Apophthegmata" [2]. Daß ich die Apophthegmata vor den rahmenlosen Jesusworten

[1] Vgl. die von H. Lüders verfaßte Einleitung zu den Buddhistischen Märchen (Märchen der Weltliteratur, Jena, Diederichs) 1921.

[2] Vgl. P. Wendland, Die urchristlichen Literaturformen (Handbuch zum Neuen Testament I 3) 1912, S. 261. So schon Herder (nach Fascher S. 85) und

『共観福音書伝承史』の1ページ

っているのである。

この生活の座は個々の歴史的事件ではなく、共同体の生活における典型的な情況あるいは行動様式である。そして個々の伝承の断片をひとつの類型に分類する様式は社会的概念である。ある伝承の断片がどの類型に属するかを明らかにできないことも少なくないが、それは様式史的問題提起に対する反論となるよりも、むしろこの方法の豊かさを示すものである。なぜなら実生活においては、個々の表明の中にさまざまの動機がからみあっているが、そのことは生活の表明としての文学的形式においても同様である。様式史的分析は、伝承の形式において作用した動機を確認しようとするものなのである。

このブルトマンの最初の大著は大きな反響をよんだ。共観福音書の研究は、ここにおいて新しい出発がなされたのである。

一年間のギーセン大学

一九二〇年の秋、ブルトマンはギーセン大学からヴィルヘルム＝ブセットの後任の正教授としての招きを受けている。滞在はわずか一年間にすぎなかったが、ここで彼は学部の枠をこえて同僚たちと親密な交流をもつことができた。だからマールブルク大学からの招きがあったとき、このギーセンを去ることは彼にとって容易なことではなかった。しかし、マールブルクはいわば彼の学問上の故郷であり、ここからの招きを断ることはできないと考えて、彼はハイトミュラーの後任としてマールブルクに戻っていったのである。一九三〇年にはライプツィヒ大学からも招きがあったが、彼はこれを断っている。そして定年の年までそれから三〇年のあいだ、彼はマールブルク大学にとどまりつづけたのである。

弁証法神学運動への参加

バルトの『ロマ書』

マールブルクでのブルトマンの生活は快いものだった。彼は一九二一年に大著『共観福音書伝承史』を出版し、前任者ハイトミュラーに捧げた。この『共観福音書伝承史』が出版された年に、バルトの『ロマ書』の第二版が出版されている。牧会に従事していたバルトは一九一八年に『ロマ書』を書き上げ、一九一九年に第一版を出版したが、二一年に全面的に書き改めた第二版を出しており、今日われわれが手に入れることのできるのはこの第二版である。

バルトはバーゼルに生まれ、ベルン大学、ベルリン大学、テュービンゲン大学、マールブルク大学で学んだ後、一九〇九年から一一年にジュネーヴで副牧師、一一年から二一年まではアルガウ州ザーフェンヴィルで牧師をしていた。そのあいだに宗教社会主義運動に参加し、一時は社会民主党に入党して赤い牧師とよばれたこともある。しかし牧会に従事していた彼は説教の問題に苦闘した。聖書に証しされている神の言葉を具体的な人間に語るというのが説教の課題であるが、これを遂行し得ないそれまでの自由主義神学に懐疑の念を抱いたのである。彼にとって聖書の註釈と宣教の革新こそが緊急の課題だった。彼はあらためて聖書を読むことに没頭し、その結果、聖書の証人

「時の間」創刊のころ　左からゴーガルデン，トゥルナイゼン，バルト。

がかつて語っただけでなく、今も証人として語っているという発見者のよろこびをもって『ロマ書』を書いたのである。バルトは、ここで人間学に転化してしまった一九世紀の神学を徹底的に批判し、神学の固有なテーマを回復しようとして、言葉における神の啓示を強調した。この革命的な書物は当時の人々に大きな衝撃を与え、著者の予想をこえる大きな反響をよんだ。こうして牧師をしていたバルトは一九二一年にゲッティンゲン大学神学部に招かれ、そこで教鞭をとることになるのである。

新しい神学運動推進の「時の間」誌

また、一九二二年からは、「時の間」の出版がはじまった。これはバルト、ゴーガルテン、トゥルナイゼンらがG・メルツを編集者として発行した、新しい神学運動推進の雑誌である。これは二二年秋から隔月に発行され、ブルトマンもすぐさまこれに賛同して多くの論文を寄稿した。これは自由主義神学に対して、聖書に語られ、宗教改革者が理解したままの「神の言葉の神学」を樹立することを目標とするもので、ここからいわゆる「弁証法神学」が形成されていったのである。ブルンナーも間もなくこれに参加した。

弁証法神学の人々は、ヨーロッパの精神・文化・国家の危機ととりくみ、自由主義的近代神学の念願を克服してひとつの神学的革新を創出しようと努力していった。この新しい流れは初期には「危機の神学」ともよばれた。これが弁証法神学とよばれたのは、バルトが当時、神学の方法を「教義学的肯定の道」と「神秘主義的否定の道」と「弁証法の道」との三つに分け、神の否を然りの中で聞き、神の然りを否の中で聞く第三の道がもっとも正しいとしたからである。また「危機の神学」というよび方は、神の言葉が人間と世界にかかわるとき、それが審判・危機として終末論的に言いあらわされたからである。バルトは、『ロマ書』第二版で、宗教改革者が解釈したとおりの聖書的使信、神の言葉の現在を強調した。弁証法神学者たちは、宗教改革の神学の回復を共通の念願としており、一九世紀の神学、とくにドイツ理想主義と対決する。ブルトマンの初期の論文や『イエス』も、この系列に属する。これらは新約聖書の思惟の基本的な性格を「終末論」に見出すことによって、近代神学の自由主義的な傾向を克服しようとしているわけである。

キルケゴールの影響

弁証法神学は、人間は神の前に価値なき者として立つという主張から出発するが、その特徴は、(1)それまでの自由主義神学とは異なった新しい聖書の解釈、(2)宗教改革者の神学の新しい解釈、(3)キルケゴールの再発見、ということにある。

ブルトマンをバルトに結びつけたのは「弁証法神学」の運動であるが、バルトは『ロマ書』第二版において、もし自分にとって方式というべきものがあるとするなら、それは時と永遠の無限の質的区別に関するキルケゴールの主張である、と言っている。キルケゴールは信仰の逆説、すなわち神に直面する単独者として超歴史的契機を内にふくみ、さらに信仰の同時性により飛躍的にキリストに連なるべきことを説いた。キルケゴールとブルトマンとを結びつけているのは、「直接性の否定」ということである。そして、のちにバルトにおいては失われたキルケゴール的な「質的弁証法」がブルトマンにおいては最後まで受けつがれていた。バルトとは対照的にブルトマンは、人間の実存的個人性に集中したのであり、この点でブルトマンはキルケゴールにもっとも忠実であったと言える。

さらにブルトマンは、キルケゴールが新約聖書のイエス＝キリストと積極的にかかわろうとしたことからも大きな影響を受けている。ブルトマンにとってキルケゴールはキリスト教的実存理解の提示者として意味をもっている。つまりブルトマンは、新約聖書の「解釈者」としてキルケゴールを受け入れるのである。すなわち過去の「史料」としての聖書に記されているイエスがいかにして「啓示」としての、いま語りかけるキリストなのか、という問題についてキルケゴールの「同時性」から教えられたことはブルトマンにとって重要である。特に新約聖書の解釈において、引用すると否とにかかわらず、ブルトマンはキルケゴールの思想から決定的な影響を受けているのである。

キルケゴール

論文「自由主義神学と最近の神学運動」

ブルトマンは「自由主義神学と最近の神学運動」という論文を書いているが、これは彼が「時の間」に寄稿した最初の論文である。これを見ると、彼が自己の神学を、神学の歴史の中でどのように位置づけていたのかがわかる。ブルトマンによれば、バルト、ゴーガルテン、トゥルナイゼンを代表者とする当時の神学運動は、自由主義神学と論争することによって自己の過去と対決しようとしている。彼らは正統主義を再興しようとしていたのではなく、自由主義神学によって決せられた状況から生じた結果を反省しようとしていたのである。すなわち当時の神学運動は、正統主義から生まれたものではなく、自由主義神学から生まれたものなのである。またそこでなされていたのは、個々の自由主義神学者との対決ではなく、特定の神学的方向との対決であった。さらに、ヘルマンやトレルチらの自由主義神学者においては、自己の立場を克服する方向にすすむような動機がはたらいていたのである。

ブルトマンによると神学の対象は神であるのに、自由主義神学は人間をあつかっているとして非難される。神の意味は、人間を根底的に否定することにあるから、神学の内容としては「十字架の言葉」しかありえない。これは人間にとって「つまずき」であり、自由主義神学は、この「つまずき」を避けようとしたり、和らげようとしたとして非難されるわけである。ブルトマンは、この非難から発してどのような批判が自由主義神学に対してなされていったのかを明らかにしていく。それを彼は、自由主義神学の「歴史理解」に対する批判と、「世界における人間の実践的立場の理解」に対してなされた批判にそって明らかにしていく。それは彼にとって、自己反省の作業なのである。

ブルトマンの考えによれば、自由主義神学の特徴は史的関心を優越させることにあり、それの功績は「歴史像の解明」のみでなく、「批判の教育」すなわち自由と誠実さの教育にある。彼は、自由主義神学の血筋をひく自分は、自由主義神学の徹底的な誠実さというものに出会わなかったなら、神学者になることも、神学を続けることもできなかっただろう、と言う。彼には、正統主義的神学のやっていることは妥協的なものに感じられたのである。そしてある人が、神学の使命は人の心に疑惑をおこさせ、素朴な信心を動揺させるところにある、としたことに、彼は賛同する。そこには誠実さが感じられたからである。

ブルトマンによれば史的・批判的神学において、批判が教義学の重荷を取り除き、信仰の根拠となるべき真のイエス像を把握させることが期待された。しかししだいにそういう考えが幻想であることがわかってきた。歴史学というものからは信仰の基礎となるべき成果を得ることはできないのであり、それがもたらすものは相対的な妥当性にすぎないからである。自由主義神学のイエス像は雑多で不確実であり、そもそも史的イエスの像を認識できるのだろうかという疑問を残して研究は終了した。これの誤りは、作業の意味、問いの意味をとらえそこなったことにある。

ブルトマンの考えでは、史的批判は人を、伝統的な特定の歴史像および学問的に認識しうるすべての歴史像から自由にする。それは、信仰がとらえようとしている世界はそもそも学問的認識によって把握されるものではないという自覚をもたらし、徹底的に自由と誠実へと人を導いていくのである。

ブルトマンによれば神は、観念論哲学の意味で提示されるものではない。もしそのようなものだとすれば、神は、人間の理性的啓示のうちで顕在化したり、あるいは人間の理性的生の根本にあるロゴスの中に実在することになり、それは人間の神格化につながってしまう。しかし、神は「人間の全面的な廃棄」、「人間の否定」、「人間の疑問視」、「人間のさばき」を意味するのである。重要なのは神が適切に認識されるか否か、擬人的に語られるか否かではなく、「神は人間にとって何を意味するのか」という問いである。そして、神の思想が本当に理解されているところでは、神は、人間に根底的な問いをつきつけるものとなる。ここでブルトマンが言おうとしていることは、人間の認識能力に対する疑いでもなければ、理性の削減でもない。神を非合理的なものとすることは、神について正しく語ることではない。むしろ、理性をどれほど重視してもしすぎることはない。理性は、理性としての道を最後までつき進むとき、人間に自己の意味を深刻に問うことをさせるのである。

神の「問い」としての人間

人間それ自体が全体として、神によって「問い」のうちにおかれている、とブルトマンは主張する。人間の根本的な罪は、道徳的なあやまちにではなく、人間としての自己主張をしようとするところにある。これによって、人間は自分を神にしてしまう。このことを人間が知ったとき、世界のすべては根本的に変化し、人間は神の審《さば》きのもとにおかれるのである。世界は無に帰し、そこではもはや意味と価値をもつものは何も存在しない。すべてのものが意味と価値を人間から受領していたからである。しかし、この審きを知ることは同時に、それを恵みとして知ることである。人間が自己自身から自由になることが救いだからである。このとき人間は、「問い」が「答え」であることを知る。このように問いかけるのは神のみだからである。そして神から問いが発せられるのだとすれば、その問いは人間への神の要求に基づいていることになる。すなわち人間は召されているのである。

これを知ることが、ブルトマンによれば信ずることなのである。信仰は人間から生じるものではなく、審きと恵みとを宣《の》べ伝える神の言葉に対する人間の応答にすぎない。すなわち信仰は、人間のうちに神がつくり出したものでしかありえないのである。そして信仰は人間においては、神の言葉への服従としてあらわれる。だから信仰者は、神によって変えられた人間、神によって殺され、そしてよみがえらされた人間なのである。信仰は自明的なものでなく、奇跡的なものである。神が父であることや、人間が神の子であることは、神の奇跡的な行為として信じられるべきことなのである。自由主義神学は、この「つまずき」を回避した。十字架の言葉は、正統主義神学では知性の犠牲を要求するものとされてしまったが、自由主義神学では、道徳的意味での犠牲の要求、人格を成長させるための自己否定の要求としてあらわれたのである。

ブルトマンは、バルトが信仰は意識の状態ではないと主張しつづけたことを評価する。たしかに信仰は意識の状態にもなりうるが、それは真の信仰ではない。信仰について語るときには、あらゆる体験的なもの、すなわち、敬虔・罪悪感・感激などはしりぞけられるべきである。信仰においては、神により人間全体が問いのうちにおかれるのであり、義と認められたものが新しい人間であることは、信じられるほかないのである。われわれが頼りにできるのは、神の約束のみである。恵みの何であるかが知られるのは、自分が罪人であることを知っている人間においてのみである。人間は神の前に立つときにのみ、自分が罪人であることを知る。神の審きと恵みはひとつであり、罪人のためでないような恵みはなく、審きのうちにないような恵みもない。人間は常に罪人でありつづけ、常に神によって義と認められるものなのである。

ブルトマンは、バルトがひとつの神学的立場を主張することを拒否することには、それなりの意味がある、と言う。なぜなら信仰は、人間が自分から選びとることのできる立場ではなく、神の行為としてのみ現実となる事柄だからである。それは、人間の側からすればあらゆる立場を放棄することであり、「主よ、信じます、不信仰なわたしをお助けください」という逆説的な叫びであることが、その拒否によって表現される。神学とは、この信仰を説明するものにほかならない。神学の対象は神である。しかしそれは、神の前に立つ人間のあり方を、人間の信仰の側から語ることによってなされるのである。

このブルトマンの「時の間」に寄稿した論文を見ると、われわれは彼が正統主義神学からではなく、自由主義神学から出発しつつ、これの欠点を克服する方向で進んできたことをよく理解することができるのである。

ハイデッガーとの出会い

一九二三年、哲学者マルティン＝ハイデッガーがフライブルクからマールブルク大学に転任してきた。このことは、それ以後のブルトマンの思想にとって決定的な意味をもつ出来事となった。

マルティン＝ハイデッガー（一八八九～一九七六）について簡単に述べておくと、彼はメスキルヒのカトリックの家に生まれ、まずイエズス会神学校で学んだ。その後フライブルク大学に進んでフッサールの指導を受け、一九一五年からは同大学の私講師になった。一九二三年からはマールブルク大学助教授、教授としてここに五年間とどまったが、二八年からはフッサールの後継者としてフライブルク大学に移っていった。二七年に出版された主著『存在と時間』において、彼は師フッサールの現象学をこえて存在の意味を問うた。それはアリストテレス以来のヨーロッパの形而上学の「存在とは何か」という問いを再び根源的に問うたものである。彼は、人間（現存在）のみが自己の存在を問題とする唯一の存在者であるとし、これを現象学的・解釈学的に分析し、「存在者」がそこから生じてくる「存在」に至ろうとする。これが彼の「基礎存在論」である。彼によれば、現存在は世界の中に投げ出されて、死に向かっている存在である。またそれは歴史的な存在であり、身のまわりの事物や他人のことに憂慮しつつ、無に直面しておののく不安な存在である。人はこの不安を回避し、あいまいな日常性に安住して非本来的に生きている。しかしこの有限的な

ハイデッガー

自己の不安に目覚めるとき、人は真に存在を問うようになる。これが実存する人間の生き方なのである。

ブルトマンが決定的な影響を受けたのは、存在論者としてのハイデッガーの実存論的認識である。ハイデッガーの現存在の解釈学は、実存を存在論的・実存論的に分析しようとするものである。人間は物質的に存在するのではなく、「現存在」なのであるということは、人間は責任あるものとして存在するということである。つまり人間が現存在であるということは、その本質が何かということではなく、現に存在しているということ、そしてそれはどのような仕方においてなのかということである。実存としての人間は、課題と要求を与えられ、自己の存在を責任をもって受けとめていくものとして、歴史から解釈されるのである。現存在は自己を理解しつつ、自己とかかわる。そして自己の実存を理解することにおいて世界を理解し、世界を理解することにおいて自己を理解する。また人間は、実存の可能性に向かって自己を投げかけることによって自己を理解する。ハイデッガーにおいて理解とは、理解されるべき対象と自己との間の生のかかわりなのである。

『存在と時間』においてこのような考察をした後、ハイデッガーの立場は転回する。しかしブルトマンが影響を受けたのは、転回以前の、『存在と時間』における初期のハイデッガーの思想なのである。転回以後のハイデッガーは、「存在の家」である言葉の中に存在そのものを探究していく。

ハイデッガーは「実存的」と「実存論的」という言葉を区別した。すなわち具体的な実存において、さし迫った死などというような人間に直接かかわりをもつものとしての実存的なるものと、死への存在というような実存の存在論的な構造を規定するものとしての実存論的なるものとを区別した。実存の存在的な規定が実存的、その存在論的な規定が実存論的であり、この概念はブルトマンの解釈学に大きな影響をおよぼしている。ブルトマンの非神話化というのは、聖書を実存論的に解釈することなのである。

ハイデッガーがフライブルクから転任してきたとき、三九歳のブルトマンは、この自分より五歳若い同僚を非常に尊敬し、それ以後の自分の神学思想の形成に決定的な影響を受けている。ハイデッガーは五年間、マールブルクで教鞭をとったわけであるが、その期間にブルトマンと非常に親密な交わりを結んでいる。すでに着任の年からハイデッガーはブルトマンのサークルに参加し、「ヨハネ福音書」をギリシア語でいっしょに読んでいる。また一学期の間、ルターの青年時代に関する演習もいっしょにしている。そしてこれには、のちにブルトマンの神学を継承発展させて大家となるボルンカムやフックスも出席していた。そしてこの頃からハイデッガーは、主著『存在と時間』のもとになる講義をはじめていたのである。

謙虚な姿

日本の哲学者、三木清（一八九七〜一九四五）は、ハイデッガーの哲学を学ぶために一九二四年の夏学期にマールブルクに滞在したが、ハイデッガーの授業のおりにブルトマンを見かけている。当時のブルトマンの姿を思いうかべるために、三木の言葉をそのまま引用しておこう。

「ハイデッゲル教授の時間に、学生にまじっていつも講義を聴いている脚の悪い一人の紳士があった。『あれがブルトマンだ』と学生の一人が私に教えてくれた。ブルトマン教授は思想的には弁証法的神学とつながりをもっているが、ハイデッゲルの哲学にはまたこのものに通ずるところがある。びっこをひきながら教室に入って来て、熱心に同僚の講義を聴いているブルトマン教授の面影が今も私の眼に浮かんでくる。その後出版された教授の『イエス』という書物を私は深い感銘をもって読んだ。事実、これは小さな本であるが、すぐれたものであると思う。」(三木清『読書と人生』)

この文からも、ブルトマンの謙虚な姿が日本から訪れた三木清に深い尊敬と感動を与えたことがわかる。このようにブルトマンが五年間にわたって同僚としてハイデッガーと個人的に親しく接し、その思想から大きな感化を受けたことが、のちに彼が新約聖書の実存論的解釈である非神話化を主張したこととの大きな要因となっている。もし、マールブルクでのブルトマンとハイデッガーのこのような親しい交わりがなかったとしたら、ブルトマンの非神話化論は果たしてどうであったろうかと考えると感無量の思いがする。また当然ハイデッガーにおいても、この優れた同僚との思想的交流が主著『存在と時間』の形成に大きな影響をおよぼしているはずである。ブルトマンは、ハイデッガーがマールブルクを去ってから五年後の一九三三年に、組織神学の分野における論文集『信仰と理解』の第一巻を出版したが、これは「マールブルクで共に過ごした時を感謝しつつ」ハイデッガーに捧げられている。ここにはブルトマンの、自己の組織神学的な思索において、その方面においては他の誰よりも恩恵を与えてくれたというハイデッガーに対する思いが表現されているのであろう。

バルトとの交わり

一九二四年、ブルトマンに三番目の娘が与えられた。マールブルクでの学生たちとの仕事も非常に満足できるものだった。またこの年には、のちにバルトとならぶ二〇世紀の組織神学の大家として成長するパウル＝ティリッヒが助教授として来任している。しかし彼は、一年後にはドレスデンに移っていった。

ティリッヒ

一九二四年の二月には、バルトがゲッティンゲン大学から一二名の学生をつれてマールブルクのブルトマンのもとにきた。ここでバルトは、自分とブルトマンには本質的に共通点があるという印象をもっている。しかしバルトはゴーガルテンに対しては、この年の七月にゲッティンゲンで会ったとき、回復しえない亀裂の生じてきたことを感じたのである。

一九二五年二月には、ふたたびバルトはゲッティンゲンから、今度は約四〇名の学生をひきつれてブルトマンの講演を聴きにきた。またこの頃、ブルトマンもゲッティンゲンにバルトを訪問することがあった。ふたりは村の喫茶店でコーヒーとクッキーを注文して二、三時間話し合った。そのときブルトマンは、ノートを見ながら聴講していたハイデッガーの哲学について延々とバルトに語ったのである。そしてこのハイデッガーの実存論的な方向において、ほかの精神的な問題と同様に、新約聖書に記録された福音も理解されるべきだと主張した。この頃から、しだいにふたりの神学の間の相違が明らかになってきたわけである。彼らは人の前ではできるかぎり共同の歩調をとるようにしたが、ふたりだけの対話においては、おたがいの相違点が論じられた。ブルトマンはバルトが明快な概念を用いないとして非難したが、それに対してバルトは、ブルトマンが余りにキルケゴール的＝ルター的＝ゴーガルテン的に考えすぎる、と反論した。

また一九二五年八月には、バルトは家族や友人たちと北海の島で休暇をすごしたが、彼はこれにブルトマンも招こうとした。しかし、ブルトマン夫人が賛成しなかったので、これは実現しなかった。このように激論を交わしつつもふたりの友情はこわされることなく、一九二六年にはダンツィヒになかよく講演に出かけたりしている。またこの年にブルトマンは、さきの三木清も評価している有名な『イエス』を出版している。

画期的な『イエス』

ブルトマンは、一九二六年、四二歳のときに画期的な著書『イエス』を書いている。彼は、さきの共観福音書の様式史的研究の成果の上にたって、

「歴史との出会い」に

こんどはイエスの精神を主体的に受けとめようとしている。序論において彼は、「歴史」とはその本質的なものをとらえようとするとき、客観的に「観察」することをゆるさないものであると言う。なぜなら人間自身が歴史の一部だからである。人が歴史について語るとき、彼が語ることのすべては同時に自分自身について何ごとかを語っていることになる。だから客観的な歴史観察などというものはあり得ない。歴史との本当の出会いは、「対話」においてのみ遂行される。人間は自分が中立的な観察者ではなく、歴史の力に動かされていることを自覚し、歴史の要請に聴きしたがおうとしているときにのみ、歴史の中心問題が何であるのかを理解できる。この対話こそ、歴史への真の問いかけなのであり、この問いかけにおいて人は自己の主体性を問題にし、権威としての歴史に聴こうとするのである。そして歴史が語るのは、人が歴史に対して中立的ではなく、歴史に問いかけ歴史から学ぼうとするときなのである。

こうしてブルトマンは、この書において人を歴史の観察にではなく、むしろ、きわめて個人的な

「歴史との出会い」に導くことを目ざしている。そこには、イエスを偉人や天才や英雄にするような言葉はまったく見られず、イエスの言葉は深いとか、信仰が強烈であるとか、その宣教は永遠の価値をもっているとかの評価もない。ブルトマンは、ただ「イエスが何を意志し」、それゆえイエスの歴史的実存の要請として現在妥当するものは何か、ということにのみ目を注いでいる。ここには、批判的・客観的に福音書を研究するのでなく、実存的主体的にイエスと対峙《たいじ》しようとするブルトマンの姿勢が見られる。これには当時同僚であったハイデッガーの影響が大きいであろう。

ブルトマンは、イエスの「人となり」については興味をもたない。ブルトマンの考えによれば、キリスト教側の史料はこのことに関しては興味がなく、またそれは非常に断片的でありかつ伝説によっておおわれている。そしてイエスに関しては、これ以外に史料はないのであるから、イエスの生涯と人となりについてはほとんど何も知られない。これまでイエスの生涯や内的発展などについて書かれたもののほとんどは、空想的小説的なものにすぎなかったのである。

イエスの自意識、すなわちイエスが自分をメシアと考えていたのかどうか、またもしそう考えていたとするならば、それはどんな意味合いでなのか、というようなことが不明瞭であるなら、それはイエスの人格についてほとんど何も知らないのに等しい。ブルトマン自身は、イエスは自分をメシアとは考えていなかったという意見であるが、彼にとってこれは重要な問題ではない。なぜなら、人が重要な歴史的人物の「人となり」に興味を抱くのは当然のことだが、その興味はその人となりにではなくて彼らの遂行した事柄、すなわち彼らが本来意志したことの方にあるからである。

この意味で彼らは歴史的研究の本来の対象なのである。真に歴史に問いかけるということは、客観的に確定することのできる過去の出来事を第三者的な態度で概観することではなくて、歴史の運動の中に立っている自分自身がいかにして自己の固有の実存に到達しうるのか、という問いに動かされていることなのである。

イエスの「宣教」の探究

ブルトマンによれば、イエスのように言葉を通して働きかけた人においては、その意志したところはまとまった思想や説教としてのみ、再現することができる。もし、教説の背後にあるイエスの心性や人となりに迫ろうとするなら、イエスの意志したところは見失われてしまう。思想は、時間の中に生きている人間の具体的状況と切り離されることはできない。先人の思想を探究することは、とりもなおさず自分自身の実存を解釈していることなのであり、自己の存在の可能性と必然性とに通じようとの試みなのである。歴史の中でわれわれがイエスの言葉に出会うとき、その言葉は、お前は自分の実存をどのように把握しようとしているのか、という問いかけとして迫ってくる。そのときわれわれは、歴史への問いかけから、歴史との出会いへと導かれていく。この出会いはそれ自身時間内の出来事であり、これこそ歴史との対話と言うべきものなのである。

ここからわかるようにブルトマンの研究の目ざすところは、イエスの生涯や人となりではなく、イエスの「教説」、イエスの「宣教」にあるのである。われわれはイエスの生涯や人となりについては少ししか知りえないが、その宣教についてては多くを知っており、一貫したひとつの像を構成することができる。史料としてわれわれに残されているものは、原始キリスト教団の宣教である。だから、教団がイエスに語らせた言葉が実際にイエスが語った言葉であるということにはならない。イエスのものとされている多くの言葉は教団において初めて成立したものであり、またある言葉には教団の手が加わっている。共観福音書にあるイエスに関する伝承の全体は、批判的研究により一連の層に分解され、区別される。しかしヨハネ福音書は、イエスの宣教の史料としてはまったく問題にならない、とブルトマンは言う。

またイエスは本当に実在したのかという疑問に対しては、それは根拠がないし反駁《はんばく》する価値もない、とブルトマンは言う。われわれが把握しうる最初の段階は最古のパレスチナ教団であるが、その教団の歴史的運動の背後に、イエスが創始者として立っていたことにはまったく疑問の余地がない。けれども、このことこの教団がイエスの姿をどの程度まで客観的に保存したのかということは別の問題である。しかしこれは本質的なことではない。なぜなら、伝承の最古の層の中にある思想の複合体がブルトマンの関心の対象だからである。それは、過去から届けられた一片の伝承としてわれわれに向かってくるのであり、われわれはこれに問いかけつつ歴史との出会いを求めるのである。伝承はこの思想のもち主をイエスと名ざししている。かくしてブルトマンはこの書において、イエスの生涯や人物ではなくイエスの「宣教」を探究するのである。

この『イエス』の中でブルトマンは、福音書に記されているイエスの言葉とされているものから、イエスの内面に接近していこうとしている。そのすべてをここで明らかにすることはできないので、特に印象的であるところをひろい出して以下に紹介してみよう。ブルトマンはこの書を第一章「イエスの活動の時代史的環境」、第二章「イエスの宣教——神の支配の到来」、第三章「イエスの宣教——神の意志」、第四章「イエスの宣教——遠くて近い神」の四章に分けて論じている。

時代史的環境

まずブルトマンは、当時ユダヤ民族はローマに支配されていたため、救世主（メシア）を待望しており、さまざまのメシア運動が起こっていたことを明らかにする。洗礼者ヨハネの行動もメシア運動のひとつであり、それは政治的性格をもってはいなかったが、終末が目前に迫っているとの確信に支えられていた。悔い改めて洗礼を受ける者は、来たるべき神の怒りの審判をまぬがれることができるというのである。原始キリスト教の伝承は、イエスがヨハネから洗礼を受けたことを記憶しているから、おそらくイエスはもともとは洗礼者の一派に属していた。イエスの一派はヨハネの一派から分かれたものであり、この一派はイエスにメシアを見、イエスの処刑後、彼の再臨を期待した。イエスが他の反乱者たちと同じくメシア預言者として十字架の上で死んだということは、ほとんど疑問の余地のないことである。

神の支配

次にブルトマンは、イエスの宣教が終末論的告知であることを強調している。今や約束された神の支配がはじまるのであり、サタンの支配は終わりを告げなければならない。イエスは弟子たちとともに悪霊を追い出し、人々の病を癒している。疑う者に対しては、見る目のある者は神がサタンの力を打ち破っているのを認めるはずであると反論する。預言者の約束は成就したのであり、歓びの時がはじまったのである。イエスの生涯について知られるところはごく少ないのであるが、イエスがメシア的な反乱者として十字架にかけられたことを念頭におくなら、イエスの活動の終わりに関する断片的で伝説におおわれた物語を、終末論的告知という点から理解することができる。感激した人々とともにイエスはエルサルムに入城し、来たるべき神の支配にそなえて聖なる場所を汚《けが》れたものから潔めるために、人々とともに神殿を占拠した、とブルトマンは推測する。

イエスと弟子たちの最後の晩餐に関する最古の報告（ルカ二二章一五～一八節）は注目すべき言葉をふくんでいる、とブルトマンは言う。この彩色された伝説を通して、古い言葉が透けてくる。それによるとイエスは、次の食事を弟子たちと一緒に神の支配の下で祝えるものとしているのである。イエスの告知は神の国が今まさに来る、という確信に支えられている。イエスの活動と言行が、イエスにも弟子たちにも神の支配の到来のしるしだった。イエスの告知こそ彼の身分証明なのであり、この最後の時に、イエスは決定的な言葉を託されてつかわされたのである。やがて神の支配が到来する時、イエスが正しかったことがわかるのであるから、今こそ、この悔い改めへのよびかけにこたえて決断すべきなのである。

「神の支配」とは、あらゆる地上的事物に終わりをもたらす終末論的な救いであり、人間にとっての唯一の救いである。それは富やほかの関心事と同列におくことをゆるさないものであり、人にあれかこれかの決断を迫ってくるものである。この神の支配は倫理的な意味での最高善ではない。それは人間の意志や行為の目的となる善ではなく、また人間の行為によって実現されたり、人間を必要とするようなものではない。それは終末論的かつ非世界的なものであり、この世の歴史的な共同体の中には実現されない。神の支配はギリシア語やアラム語で「神の国」とも訳せるが、これは好ましくない訳である。神の支配は人間の歴史の中で実現されるようなものではなく、ただ近づき、来たり、現れるのみである。それは超自然的、非世界的な性格のものであり、人間はその救いを受け、その中に参入するのみである。

『イエス』の扉

決断の要請

ブルトマンは、人間は悔い改めへのよびかけによって「決断」を要請されることを強調する。人が選ばれた者に属するのかそれとも亡びる者に属するのかは、決断において明らかになる。だから霊魂の修練というような個人主義や神秘主義はすべて拒否される。イエスは決断へとよびかけるのであって、内面性へとよびかけているのではない。彼は恍惚《こうこつ》的な状態や魂の平和も約束しない。またイエスは、ヘレニズム的神秘主義のように人間を二元論的には見ない。彼は、霊魂が肉体に束縛されているというようなことは語らず、祭儀や黙想などによる霊魂の潔めや解放についても語らない。イエスにはいっさいの体験的信仰は無縁であり、神に対しては服従の態度をとるのみである。イエスにとって人間は決断の中にあるのであり、人間の本質は意志と自由な行為の中にある。こうして人間の実存は、統一的全体的実存として、意志と行為の中に入れられる。それは霊肉の対立とはまったく無縁のものであり、意志が悪ければそれはその人間全体が悪いのである。

また神の支配とは、まったく将来的なものでありながら現在を全面的に規定する力であることをブルトマンは強調する。人間が選ばれた者となるか否かは、神の支配に対する決断によって規定される。だから神の支配は、歴史の内で現在にはじまり将来に完成するというようなものではない。それは将来の神の行為なのである。しかしこの将来は、人間の現在を規定するところの真の将来である。それは、人間が決断の中に立つことを自己の本質として把握することのみを要求する。イエスは人間を、神の行為の前に決断すべく立っているものと見ている。人間はいつも決断を迫られているのであり、これが本質的に人の人たる特徴であるので、すべての時が最後の時なのである。イエスは彼の時代の神話論の助けにより、このように人間の実存を理解し、ここから彼の時を最後の時と考えたのである。

ブルトマンは、神の支配が近づいているから悔い改めよとのイエスの終末論的告知は、その根底にいかなる人間把握があるのかを考えるときにのみ理解されるという。イエスの告知は、その告知において自己を理解しようとする心構えのある人にとってのみ意味をもつ。イエスの宣教が本来意味するものの外的表現にすぎない彼の時代の神話論には目を向けるべきでない。この神話論は、人間は神の将来的な行為によって決断の中におかれているのだというイエスの根本理解の前では価値をもたないのである。

徹底的に考えぬかれた「服従の倫理」

ブルトマンによれば、イエスの倫理はユダヤ教の倫理と同じく「服従の倫理」であるが、ユダヤ教との違いはイエスが服従の思想を極端にまで貫いたことにある。イエスも人間の行為を服従という観点から見ていることは、マタイ福音書二〇章のぶどう園の労働者の譬えなどから明らかである。これらの譬えにおいてイエスは、人間は神に対して何の要求もなしえないということを主張している。ユダヤ教のラビたちが盲目的に権威に服従することを要求するのに対して、イエスがこれを拒否していることは、彼の旧約聖書の用い方にあらわれている。イエスにとってもラビたちにとっても、旧約は権威あるものだった。しかし、旧約のあらゆる箇所が同等の拘束力をもっていると考えて矛盾した箇所を無理に妥協させようとするラビたちとは違い、イエスはひとつの成句を他のものに対抗させる。たとえばモーセの律法に、夫は妻に離縁状を書いて離婚することができるとあっても、他のところでは、神は人を男と女につくられたのであり、夫婦は一体なのであるから、神が結んだものを引き離してはならないとある。イエスにとってはこれが神の意志なのであって、形式的権威によって人が束縛されるのではない。そしてもし、聖書の中でそのような区別をすることができるのなら、それは神が求めたもうところを認識する力が与えられているということである。イエスは旧約聖書の中に、本質的なものと非本質的なものとを批判的に区別しようとするのである。

人間にとって神の要求は理解可能なものとされている。ここにおいて初めて服従の思想は徹底的に考えぬかれたことになる。なぜなら理解不可能な権威に単に屈従するのなら、それは真の服従ではない。徹底的な服従とは、要求されていることを自分からすすんで行うことである。それは、人がそのなすことの中に全面的にいること、すなわち何かを従順になすのではなくて、その存在において従順であることである。

さらにラビたちにおいては、何もしないでもいいという中立的な状況も存在するが、イエスはこのことをはっきりと拒否した。人を助けることによってイエスは安息日をおかしたと非難されたが、そこには善を行うのか悪を行うのか、ということ以外に第三の道はない、ということが示されている。何もしないのは悪を行うのと同じことであって、中立的な立場はない。服従は徹底的に考えられ、人間の全存在をおおうのであり、そのことは人間が全的に決断の中に立っていることを意味する。人間にとって中立はありえないのであり、善をとるか悪をとるかの決断をしなければならないのである。

イエスの報酬思想

ブルトマンは、イエスの報酬思想はこの徹底的服従の要求に矛盾するようには見えないであろうか、と問う。イエスは人間に、天における報酬を約束したり（マタイ六章一九～二〇節、マルコ一〇章二一節）、地獄の火で威嚇《いかく》したりしている（マタイ一〇章二一節、マルコ九章四二、四七節）。しかしブルトマンによれば、本当はイエスは下心なしに服従することを要求している。ルカ一七章七～一〇節の主人の感謝を要求しない僕と、マタイ二〇章一～一五節のぶどう園の労働者の譬えにおいて、人間が神の報酬をあてにしたり、神の前で権利を主張したりすることがはっきりと否定されている。しかし同時に、人間が神から報酬や罰を受けることは確実である。この可能性を示すイエスの言葉は、行為の結果に注意すべきことを促す。しかし服従の思想が純粋に貫かれるのなら、行為の結果は行為の動機とはなりえないはずである。そうでなければ、愛の要求は不可能になってしまう。功績を求めてなされる愛は、本当の愛ではない。イエスの態度は逆説的なものであり、報酬を求めないで服従する者に、報酬が約束されるのである。

しかしイエスは報酬の思想に固執する、とブルトマンは言う。そしてイエスにとって報酬は、人からのものか神からのものかのどちらかしかない。あらゆる正しい行為には神からの報いがあるのであり（マタイ六章一～八、一六～一八節）、この点でイエスは理想主義的倫理と対立する。イエスにおいては、善のための善の行為はない。あらゆる善き行為はそれ自体で価値があるという考えは、彼には異質なものである。なぜならこのような考えは、自己の価値の確信というヒューマニズム的な人間の理想を前提としているからである。イエスにおいては、人間は自分の価値を自分で獲得するのではなくて、彼が従順であるときに神が報いてくださるのである。またイエスの見方は、禁欲的に自己を滅ぼすことが神の求めることであるかのような考えとも相違している。たしかに人間には自己否定と犠牲が求められている。しかしイエスにおいては、神はわがままな暴君でありその要求に従うことは人間にとって死を意味するというのではなく、むしろその要求は生命を意味する。すなわち要求の背後に約束がひそんでいるのである。

またブルトマンによれば、イエスが説く服従の荷は軽いが、それはイエスが人間を形式的権威と、その権威を職業的に説明する人々の判断から解放するからである。またこれが軽いのは、行為する者自身の判断と責任に依るものだからである。しかし別の見方をすれば、この服従は自分で善悪を判断しその責任を負うという荷を負うことになるから、その分重いものになる。イエスは人間に対して、自分が決断の中におかれていることを見るように説く。そしてこのことは、神の意志か自己の意志かという決断、すなわち善か悪かの決断をすることだというのである。

イエスがもたらす解放

イエスがもたらす解放とは、彼が善を人間の本質法則として認識することを教えたり、現代的な意味での自律を告知したということではない、とブルトマンは言う。イエスにおいて、善とは神の意志なのであって人間性の完成などではない。イエスは服従の思想を取り除いたのではなく、これを徹底して考えたのであって、これがユダヤ教と違うところである。イエスの倫理はヒューマニズム的な倫理や価値倫理と対立した、服従の倫理なのである。イエスは人間の行為の意味が、人間の精神に土台をおいた人間の理想の実現にあるとは考えないし、人間社会の理想が人間の行為によって実現されるとも考えない。いわゆる個人倫理や社会倫理というようなものは彼にはない。理想や目的という概念も彼には異質なものであり、彼は神の意志の前に立たされた個々の人間だけを見るのである。行為をすることの意味も、その行為によってある価値が実現されるところにあるのではなく、その行為自体が従順か不従順かというところにある。

イエスは、何をなすべきであり何をなすべきではないかというような、一般的に理解しうる理論としての倫理はまったく教えていない、とブルトマンは言う。すなわち人間は、なすべきことを前もって決定しておくことはできないのである。つまり決断すべきときに、根本原則にたち戻って決断する責任を逃れることはできないのであり、決断の瞬間瞬間が本質的に新しいものなのである。

またブルトマンは、イエスが富のある者に対してそれを放棄すべきことを要求し、貧困を理想にして禁欲を要求したとは考えるべきではない、と言う。行為によって達成される理想という概念は、イエスには異質なものである。行為によって到達される状態が善とされるのではなく、行為自体が善いか悪いかなのである。イエスはただ、富が人を奴隷にし、神へと決断する自由を奪うのを見たのである。だからイエスに従う者は、その所有を断念する力と自由とを保持していなくてはならない。イエスは、貧困を選ぶことによって神の前に特別な資格を獲得できるなどとは決して言わない。要求されるのは、貧困ではなくて犠牲なのである。

次にブルトマンは、イエスの神観について述べる。イエスにとっては神は思惟の対象ではなく、世界を理解するために求められるものでもない。彼にとって神は、形而上学的な実在ではなく、また宇宙的な力でも世界法則でもない。神はイエスにとって「人格的な意志」である。イエスは、人間を意志において要求し、恵みによって規定する神について語っている。イエスは、普遍的な真理とか教説とかによって神について語るのではなく、むしろ人間に対して神はどのように在るのか、人間とどのようにかかわるのか、ということのみを語るのである。

イエスは神の属性、その永遠性や不変性などについて対象的に語ることはしない。彼はただ神が憐れみ深く恵み深いこと、人間が自己の現実においていかに神を体験するのかということを語る。つまり彼は、人間に対する神の行為のみを語るのである。神はその働くところに現におられる。だからイエスは新しい神観をもたらしたのではなく、来たらんとする神の支配と神の意志を告げたのである。つまりイエスは、人間について語ることによって神について語ったのであり、その人間は終末の時におり、決断の中にあり、意志において神から要求されているのである。

「遠い神」と「近い神」

イエスにとっては神は遠くにあると同時に近くにおられる神である、とブルトマンは言う。「遠い神」という意味は、神は人間の思惟や行為にゆだねられるような世界には属さないということである。「近い神」という意味は、神はこの世界の創造者であり、その摂理でもって世界を支配しておられるということである。この遠いと近いという対立を人間が理解できるのは、同じ対立が人間の実存の特徴だからである。人間は神にそむいており、日常の出来事の中に神の支配を見ることをしないのである。また神が近い神であるという意味は、神にそむいた人間の存在の特徴である不確実性は、まさに神が人間の方に向いておられるということから生じているということである。神が人間の方に向いておられるということは、神がその要求を人間に提示しておられるということである。だから人間が神にそむいているということは、人間が自分に向けられた神の要求を満たしていないということを意味する。人間に対する神の遠さは、神の近さと同じところから出ている。それは人間が神に属しており、神はその要求を人間に提示しているということなのである。人間はこの要求を聞き逃すことによって、自分で神の近さを遠さにしてしまうのである。

次に、イエスが罪についてどう考えていたのかについてブルトマンは語る。イエスは、すべての人は罪人であるとか、あるいは原罪の理論などを語ったのではない。イエスにとって罪とは、今・ここという具体的なものの中で神によって規定されて在ることであって、理論的に把握されるような人間の本質に関する一般的特性などではない。神について一般的に語ることができないのと同様に、罪についても一般的に語ることはできない。罪とは人間につけ加えられたものではなく、人間の存在の性格そのものなのである。だからイエスは、一般的に人間が罪人であると語ったのではなくて、罪人であるところの人間に語りかけたのである。

イエスは罪の概念については述べていないが、それは当時の人々にとって自明のことだったからである。罪は神の要求を拒む、神に遠い人間の性格である。イエスは罪についても、ユダヤ教よりも一層徹底して考えた。今・ここにおける決断が人間にその性格を与えるのである。決断において人間の全体が要求されているのであり、そのふるまいによって彼の将来全体が決定される。人間は神の前に罪人として立っているが、それは彼の罪が相対的ではなく、絶対的な性格をもつということである。

こういう罪人である人間を助けうるのは、神が彼を赦すということのみである。イエスはユダヤ教に対して特に新しいことを語ったわけではない。ただイエスは、徹底した罪の概念に応じた徹底した神の恵みと赦しを教えたのである。服従の要求が真に理解される時にこそ、恵みと赦しも真に理解される。こうして赦しの告知は、悔い改めへの招きと一致する。赦しとは、罪がつぐなわれるということではなく、罪はただ赦され得るだけであるということである。人間は赦しを受け入れることにおいて、自分自身をもっとも深く断罪し、神の審判のもとにひれ伏すのである。

現在の神と将来の神

またブルトマンによれば、イエスにとって神は「現在の神」であると同時に「将来の神」である。現在の神ということは、神の要求が人間に現在の今・ここで出会うからである。将来の神ということは、神が決断の今における自由を人間に与え、将来として人間の前に立たれるからである。この将来は人間に、審きへかそれとも恵みへかの決断において開示される。罪人に対して神は現在の神であられるが、それは神が罪人を神とのへだたりへと押しやることによってである。しかし同時に神は将来の神として、罪人に向けた要求を固持し、赦しにおいて、新しい服従に至る新しい将来を彼に開示されるのである。

ブルトマンによれば教会の伝統は、あの出来事、すなわち決定的な救いの事実を「イエスの死」あるいは「イエスの死と復活」に見ている。しかしブルトマンは、イエスの死と復活が、観察によって確かめられるような、歴史の所与の事実として理解されてはならない、と言う。なぜならこの出来事を傍観者の立場でながめるなら、それは赦しの出来事ではなくなってしまうからである。赦しを傍観者として確認することはできないのであり、イエスの死と復活が罪を贖う赦しの力をもっていることを証明しようとするようなことはすべて誤りである。だからイエスの死と復活を、人類一般にあてはまるような世界的な事件であり個々の人間があてにすることのできるような事件と見て、これを救いの事実であると語るなら、それはイエスの考えとは異なったものである。そこでは罪が真剣に受けとられておらず、罪は一般的な人間の本質状態と考えられてしまうからである。

イエスの死と復活

ブルトマンは、イエス自身は自分の死と復活に関して、あるいはそれがもつ救いの意味について語ってはいない、と言う。たしかに福音書においては、このようなことをイエスが語ったとされているが、それらはイエスのものではなく、のちの教団の信仰から生まれたものなのである。しかもそれらは、すべて原始教団からではなく、ヘレニズム-キリスト教から生まれたものなのである。とくに、もっとも重要なマルコ福音書一〇章四五節や一四章二二～二四節にある贖いと晩餐に関する言葉がそうなのである。

イエスは自分の死と復活を救いの事実として語ってはいないのであるが、それは他の人々が彼の死と復活を救いの事実として語ることができないということではない、とブルトマンは言う。人々が、ここにおいて神の赦しがたしかとなる出来事として、これについて語ることはかまわない。なぜなら、イエスの十字架というような歴史の中のある事件について、それが客観的に神の赦しであるということを客観的に確認することができないように、それが神の赦しではあり得ないということも客観的に確定することはできないからである。

イエスは、神の赦しをたしかにするような一般的に確認しうるものを指示してはおらず、神の赦しを告知しただけである。それはイエスの言葉以外にはなく、また言葉の真理性に対してもイエスは何の保証も与えてはいない。また最古の教団は、イエスの形而上学的本質についても語ってはいない。最古の教団はイエスをメシアと考えはしたが、それによって特別な形而上学的な本質をイエスに与えたのではない。むしろ教団はメシア信仰により、イエスの言葉の権威に基づいて、神がイエスを教団の王とされたことを告白している。ギリシア的キリスト教が、イエスを「神の子」としたのである。それはイエスに、神的な「本性」を与えたことであり、それはイエス自身のものとはまったくかけ離れた観察の仕方であった。

また、イエスの人格を「個性」としてとらえる現代の見方も、これと同様にイエスからかけ離れたものである、とブルトマンは言う。現代人が、イエスの言葉を信じる拠りどころとしてイエスの個性的な信仰の力、霊感、英雄主義、あるいは犠牲心というようなものをあげたとしても、そのようなことをイエスは決して認めないであろう。なぜなら、そのようなことはすべて、人間的判断の範囲内にある人間的な事柄だからである。イエスを「個性」とか英雄とする見方は、イエスの人間把握とまったく対立するものである。個性としての人間はその中心を自分自身の内にもっており、英雄は自分自身の上に立つのであるが、それと反対にイエスは、人間を神との関係のなかで、神の要求のもとに見ているのである。

言葉の担い手イエス

イエスの人格を、イエスの意図にふさわしく評価することはできるが、それはイエスが神からつかわされており、言葉の担い手であるということである。この意味でイエスはマタイ一一章六節で「わたしにつまずかない者は、さいわいである」と告げている。またマルコ八章三八節では、「わたしとわたしの言葉とを恥じる者に対しては、人の子もまた……その者を恥じるであろう」と言っている。イエスは言葉の担い手であり、言葉において人間に神の赦しを約束するのである。

この本のおわりのところで、ブルトマンは言う。言葉が神の赦しのあの出来事であり得るということは、歴史学を支配している現代的な観察の仕方から自由にされるときにのみ理解される。それは言葉を、語っている個人の必然的な表現としてのみ理解しようとする習慣である。言葉とは語っている者の外の事態にかかわるものである、という根源的な意味にたちかえるべきであることを、ブルトマンは強調する。ここで『イエス』における最後の言葉を引用しておこう。

「……言葉はそれを聞く者にこの事態を開示することによって、語りかけとして彼に対する出来事となる。これは、しかし結局のところまったく異なった人間理解を前提しているのである。すなわち、人間および人類にとって可能性は最初から標示されているのでもなければ、また具体的な状況において、性格や環境によって決定されているのでもなく、かえってそれは開かれており、すべての具体的な状況において新しい可能性が開かれるのであって、人間の生は決断によって営まれるのを特徴としているということである。語りかけとして、新しく人間の状況の中に入りこんでくる言葉によって、人間は決断の前に立たされるのであり、それによって言葉は出来事となるのである。したがって、言葉は、客観的に観察される言葉として出来事であるのではなく、言葉が出来事となるためには、聞き手が必要なのである。

そうであれば、言葉の真理の証拠は、言葉と聞き手との間に演じられているもの以外にはない。それは主観主義に決着すると考えたりできるのは、言葉の意味するところを理解せず、それを真剣に受け取っていないものだけである。しかし言葉の意味するところを理解し、それを真剣に受け取るものは、神の赦しが人間にとって現実となる可能性は、言葉以外には存在しないことを知っている。イエスが赦しをもたらすのは、言葉においてであってそれ以外ではない。イエスの言葉は果たして真理であるのか。イエスは果たして神につかわされているのか。――これが、聞き手のせまられている決断なのである。こうして、イエスの言葉が動かされずに残る。『わたしにつまずかない者は、さいわいである』と。」（川端・八木訳『イエス』、未来社）

ハイデッガーの影響

このブルトマンの『イエス』は、それまで福音書によって、イエスの生涯や人となりを知ることができると信じていた人々に大きな衝撃を与えた。しかしブルトマンは、ここで真にイエスと出会うことの意味をわれわれに示してくれているのである。つまりブルトマンは、歴史というものの新しい見方を提示している。すなわち歴史とは、客観的に観察されるべきものではなく、歴史について語るということは、自己自身を理解することなのである。われわれはイエスを客観的にながめるのでなく、イエスにおいて自己を理解することを迫られているわけである。一九二一年の『共観福音書伝承史』において、福音書の最古の層は史的イエスの言葉を伝えてはいるが、福音書記者の関心はむしろイエスを救い主と信じる教団の信仰告白にあったことを明らかにしたブルトマンは、この『イエス』において、人にイエスの言葉と主体的に対決することを迫るのである。われわれは、このブルトマンの真摯な研究の態度に接するときに、その真理を求めるあくなき精神に尊敬の念を抱かずにはおれないのである。特にこの書は、ハイデッガーの『存在と時間』の出版の一年前に発表されたものであり、そこには同僚であったハイデッガーの実存的な思考の影響が色こく出ているのである。

神学論文集『信仰と理解』

ブルトマンは一九三三年に論文集『信仰と理解』第一巻を出版している。これは一九二四年以後に書かれた主に組織神学的な領域に属する論文をあつめたもので、マールブルクでの共なる時を感謝しつつハイデッガーに捧げられている。この組織神学の方面

GLAUBEN
UND VERSTEHEN
Gesammelte Aufsätze
von
RUDOLF BULTMANN

ERSTER BAND
Sechste, unveränderte Auflage

1966
J. C. B. MOHR (PAUL SIEBECK) TÜBINGEN

『信仰と理解』の第一巻

での論文集が「信仰と理解」と題されて発表されたことは、ブルトマンの神学思想の根本的な特徴を示している。彼はルター派の信仰に立つ者として、聖書の伝える使信をなによりも重んずる。しかしその信仰を深めるということは、理性を犠牲にしてあたまからすべてを信じこむことにではなく、むしろ人間の知性の価値を重視し、主体的に「理解する」ということにあるわけである。そしてこのことには、ハイデッガーとの出会いが決定的な意味をもっていたのである。

『信仰と理解』の第二巻は一九五二年に、第三巻は一九六〇年に、第四巻は一九六五年に出版されており、ブルトマンは生涯、新約聖書神学者であるとともにすぐれた組織神学者でもありつづけたのである。

ナチスの支配

ヒトラーの台頭

一九二〇年代のブルトマンの生活はこのように内外とも恵まれたものだった。しかし三〇年代はそうはいかなかった。アドルフ＝ヒトラーのひきいるナチスが、三二年七月の総選挙で第一党におどり出たのである。ナチスというのは「国家社会主義ドイツ労働者党」のことであり、反個人主義、反共産主義、反ユダヤ主義をスローガンにしていた。翌三三年にはヒトラーは首相となり、政権掌握後ただちに他の一切の政党を解散させて、議会政治を否定した。この年に、日本とドイツは国際連盟を脱退したのである。そしてヒトラーは、第一次世界大戦後に連合国との間に取り決められたヴェルサイユ条約を破棄し再軍備を強行した。

またナチスは国家の画一化政策を推進し、「アーリア条項」を導入した。このアーリア条項というのはヒトラーの非常につよい反ユダヤ人感情から発生したものである。それはあらゆる歴史的現象、国家形成、文化創造の根本要素を人種的な資質に求めるものであったが、その人種というのは生物学的、血液的実体から規定されるものだった。そしてそのような生物学的規定から、人種に優劣があり、支配民族と劣等民族とが区別されるべきだとされた。そしてアーリア人種の中でもゲルマン民族、その中でもとくにドイツ人が優秀であり、価値の高い、文化能力をもつ民族なのであ

ヒトラー

り、支配民族にふさわしいとされたのである。そしてこのことは、同時に非アーリア民族とされたユダヤ人の排斥となっていく。この不気味な人種理論にたつナチス政府は、政権掌握後、ただちにユダヤ人対策の第一段階としてユダヤ人を強制的に公務員から排除した。しかし元来「アーリア」という概念は言語学上のものであり、「インド・ゲルマン語系に属する」ことを意味する言葉だった。それをナチスはユダヤ人を排撃するために曲解して用いたわけで、その理論はまったく根拠のないものだったのである。

アーリア条項をめぐって

このアーリア条項がキリスト教会につきつけられ、教職からユダヤ人を追放するべきか否かということが問題になったとき、これを結果として肯定したのがエルランゲン大学とベルリン大学であり、反対したのがライプツィヒ大学とブルトマンのいるマールブルク大学だった。エルランゲン大学神学部の意見では、教会の外的な秩序は宗教改革の教えによると、単に福音の普遍性のみでなくキリスト者の歴史民族的構成とも一致しなければならない。今ドイツ人の民族教会であろうとする課題を自覚している教会にとって、ユダヤ人を教職につかせることは大きな重荷である。だから教会は、教職からユダヤ人を除外しなければならないだろう。そうしないで教会の団結に亀裂が生じたり、制限が加えられたりするようなことは避けられるべきである。

このエルランゲン大学の意見に対して、マールブルク大学の見解は正反対のものだった。それによると、アーリア条項は、唯一にして決定的な聖書の基準とイエス＝キリストの福音によって規定され、宗教改革の告白によって証される教会の本質に矛盾するものである。非アーリア人を排除するという規定は、教会においてこれらの人々の権利と名誉を奪うことである。この世の救い主であるイエス＝キリストの福音は、すべての民族、すべての人格に向けられるのであり、福音を信じ洗礼を受ける者は教会に属する者である。そして教会の構成員は互いに兄弟なのであり、兄弟という概念は法の不平等や地上の分離を排除するものである。ドイツ福音主義教会の憲章を厳密に受けとめるなら、教会の宣教を政治的に拘束したり、非アーリア人の権利を制限したりすることは許されない。

このふたつの意見を比べてみると、エルランゲン大学のものには国家権力の前になんとか妥協して生きのびようとする弱さが感じられるが、マールブルク大学のものには迫害されているユダヤ人に対する友情とキリスト者としての責任の自覚が感じられる。この二つのまったく異なった見解が出されたのを契機として、これが大きな論争として発展していく。これに次いでブルトマンを中心とする二一名の新約学者により「新約聖書と人種問題」が発表された。一方、ベルリン大学のG・ヴォッバーミンは、教会にアーリア条項を導入することに賛成する意見を発表した。これに対しブルトマンは、ただちにヴォッバーミン批判を行ったのである。

またブルトマンの愛弟子フックスは、前年の一九三二年からボン大学私講師になっていたが、ナチスによって講義資格を奪われ、それ以後、終戦までゲシュタポに追われながら牧会をつづけ、やっと四九年にチュービンゲン大学の私講師に復帰することができたのである。またボルンカムも一九三六年にハイデルベルク大学の私講師になったが、三七年にはナチスにより講義許可を取り消されたのである。

ドイツの教会闘争

またナチスは、一九三三年に「帝国教会」を成立させ、帝国監督を任命するかたちでキリスト教を一元化し、自分たちの思いどおりのものにしようとした。そしてそれに従うように「ドイツ・キリスト者」運動がおこった。この年の一一月には、ベルリンの体育館に、この「ドイツ・キリスト者」の異常な群衆が集結した。これを憂慮する人々は、マルティン＝ニーメラーを中心として「牧師緊急同盟」を結成した。ニーメラーは、第一次世界大戦のときは潜水艦の艦長として活躍したが、戦後、神学校に入りなおして牧師になった。彼の著書『Uボートから説教壇へ』（一九三四）は有名である。そしてニーメラーやバルトを中心にしてナチスに対抗する「告白教会」運動がおこり、一九三四年のはじめから各地で教会会議が開かれはじめた。これがやがて同年五月のバルメン告白教会会議へと合流していく。ブルトマンも、この告白教会に設立のときから参加し、ともに闘っているのであるが、バルトの起草した「バルメン宣言」（ドイツ福音主義教会の今日の状況に対する神学的宣言）がこの会議で採択された。この宣言の趣旨は、教会が宣教の源として、神の唯一のみ言葉のほかに承認すべきものは何もないという内容である。またこの年に一一年つづいた雑誌「時の間」が廃刊になったが、それは、ゴーガルテンが神の律法と民族の法を同一視する論文を書いて「ドイツ・キリスト者」に加担したことから、バルトが「訣別」を書いて、この雑誌を終わらせてしまったからである。

一九三四年八月、ヒンデンブルク大統領が死ぬと、ヒトラーは国民投票を行い、ドイツ国元首に推挙され、首相兼大統領兼党最高指導者としての自己を「総統」(フューラー)であると声明した。このときからナチスは第三帝国という言葉をつかいだしたが、それは神聖ローマ帝国、ビスマルク帝国につぐ国家という意味である。

バルト事件

教会闘争の歴史において忘れることのできない事件は、バルトの事件である。ナチスは「官吏宣誓法」を一九三四年八月に発令し、国民に総統への忠誠を誓わせた。この宣誓は大学教授も行わなければならなかった。当時ボン大学教授だったバルトは、一一月に学長から宣誓するように指令を受けた。バルトは学長に対して、自分が宣誓するのなら、それは福音主義的キリスト者としてそれに責任を負いうるかぎりでということがつけ加えられたときのみである、と言った。これに対して文部省はバルトの職務を停止し、懲戒裁判をはじめた。

このバルトのやり方には、賛成の態度をとる人々と反対の態度をとる人々とがあった。マールブルク大学教授で告白教会評議員でもあったF・ゾーデンは、バルトの態度が欺瞞《ぎまん》であり、告白教会が国家の正当な要求に反対しているとの疑惑を深め、告白教会に重い負担を負わせているとして非難した。ブルトマンも、このときはバルトを批判した。すなわちバルトが要求したことは、キリスト者にとって当然のことではある。しかしキリスト者は、国家にこのようなことを義務づけることはできない。国家がすることは、服従を拒否する公務員を、宣誓違反や偽善ということで罰するのではなく解雇するにすぎない。すなわち宣誓問題は教会闘争の次元の問題ではなく、個人の服従拒否の闘いにすぎないというのがブルトマンの見解であった。

バルトはこれに反論した。バルトにとって懲戒裁判は、本来なら教会がバルトのためにすべきことを、バルトの方で教会のためにしたにすぎないのであった。それはバルトにとって、あくまで教会の課題であって個人の問題ではなかった。

一九三四年一二月、バルトは大学からの罷免と一年間の半額年金の判決を受けた。ただちにバルトは控訴し、控訴審判決では罷免を免れた。しかし、これとは別に三五年六月、文部大臣は彼を職業官吏再建法によって事実上の退職処分である休職処分にした。やむなくバルトは、バーゼル大学の招きに応じてスイスに去っていったのである。

一九三六年には、バルトの五〇歳の記念論文集が献呈されたが、ブルトマンもこれに寄稿している。この神学論文集に対してバルトは、ドイツ国内の友人たちが、困窮の中で真剣な思索と探究によってこのような論文集を出版してくれたことに感謝している。

イエスの到来の意味について

説教者ブルトマン

ブルトマンは、一九五六年に、一九三六年から五〇年までマールブルクでなした二一の説教をまとめて出版している。これを読むと、ブルトマンが神学者とは別に説教者としても人を感動させるすぐれた力をもっていたことがわかる。ここで彼は、神の前に立つひとりの信仰者として、自己の信仰を率直に告白している。もしこの説教集を、説教者の名を知らずに読んだなら、これがあの「非神話化」で有名なブルトマンの説教であるということに気づく人は少ないかも知れない。ここには彼の復活信仰と人格神への信仰、また死後の命への確信が吐露されているのである。われわれは、彼が余りにも伝統的なスタイルにのっとった説教をしているのにむしろ意外なおももちがする。ここで彼は聖書のテキストに基づいて、自己の信仰を告白しているのである。さらに注目すべきことは、非常に多くの説教の中でパウロとルターの言葉が引用されると同時に、ゲーテやリルケなどのドイツの詩人の詩がしばしばとりあげられていることである。ブルトマンが厳密な聖書学者であっただけでなく、多くの詩を愛する詩人でもあったことがうかがわれ、われわれの親しみもいっそう増すのである。ここでは彼は、はっきりと学問とは区別された、礼拝での説教者として語っているということができよう。そしてこの説教集は、長年連れ添った妻に捧げられているのであるが、そのことの意味を考えてみると、彼の信仰が彼の学問の根底をなすものであり、彼の神学が彼の生活に密着していたものであることを感じさせられるのである。

これらの説教は彼の五一歳から六五歳のときになされたものであるが、それはちょうど第二次世界大戦をはさんだ時期にあたる。だからこの説教集においてわれわれは、大戦の前夜と大戦のさなかにおいて、さらには大戦後の混乱と破局の中で、神への信頼と復活信仰において人々を力づけ励まそうと真摯に努力する彼の姿に接することができる。ここで彼は、ひとりの信仰者として混乱の中にある人々の心から不安を取り除くことに全力を注いでいるのである。実際にこの説教に接することのできた人々は、おそらく苦しみの中でもそれにうちかつ希望を与えられ、生きる勇気を得ることができたにちがいない。

「来たるべき方はあなたですか」

ブルトマンは一九三八年一二月一一日、五四歳のときにマタイ福音書一一章二～六節をテキストにしてイエスの到来の意味についての説教をしている。この説教でブルトマンはまず、待降節（アドベント）において人間は、いかに主を迎えるべきかという問いの前に立たされる、と言う。自分が、待降節の第三週に洗礼者ヨハネの問題についてのテキストを選んだのは、正しい準備の仕方を学ぶためである。ここには、捕らわれていたヨハネがイエスのもとに弟子をつかわして「来たるべき方はあなたなのですか」と問うたことが記されている。ここで生じてくる疑問は、なぜヨハネはイエスにこのようなことを問うたのか、彼はイエスを信用しなくなったのであろうか、それとも弟子たちがイエスに問うたのはヨハネのためではなくて彼ら自身のためだったのであろうか、ということである。それをわれわれは知ることはできない。しかしこの物語の意味は、「来たるべき方はあなたなのですか」という問いをわれわれが聴いて、それを自分の問いとすることにある、とブルトマンは言う。

この来たるべき者への問いは、待降節にあたって人々の心を揺さぶる。この世には多くの問題があるが、苦悩することこそがキリスト者のとるべき態度である。それは、この世からしりぞき、与えられた賜物に感謝せず、課せられた仕事を果たさないことではない、むしろキリスト者が知っているのは、世界が自分に与えたり求めたりするものはすべて、人間を心底から幸福にするものではない。この世には平和の国も正義の国も純粋な喜びの国もありえない。人間のなすことはすべて永遠性をもっていない。人間が創りだすものはすべてはかない消滅すべきものにすぎず、神のみが永遠であり、神の行うことが永遠なのである。

そしてキリスト者は、自分の中で善と悪が常に戦っており、自分は悪を完全に支配することができないことを知っている。常に偽りが誠実さにうちかち、臆病が勇気を萎《な》えさせ、不純な思いが純粋さを汚し、我欲や憎しみが愛を破壊してしまう。人間は自分の力では悪しきものの道から自己を解放することはできないのであり、解放、救い、来たるべき者を待ち望んでいるのである。

自分が世界の苦悩する者に属しているであろうか、見えないものを眺める者に、来たるべき者を希望する者に、彼を待つ者に属しているであろうか、ということが待降節の問いである。もし自分がそのような者に属しているなら、その人は洗礼者ヨハネのように「来たるべき方は、あなたなのですか」とイエスに問いかける。本当にイエスにおいて希望が満たされ、平和の国がもたらされるのだろうか。もしそうなら、イエスはすでに平和の国をもたらしたのでなくてはならない。それでは、世界は変わったのであろうか。まさにこのことをキリスト教団は主張するのである。その人は来て新しい世界をもたらしたのであるが、しかし同時に、その人は依然として来たるべき人なのである。

来たるべき者イエス

イエスはヨハネの弟子たちに、あなた方が見聞きしたことをヨハネに報告しなさいと言っている。ここでまず注意すべきことは、イエスは直接の答えを与えてはいないということである。イエスは問う者に、彼らが見たり聞いたりできることに注意を向けさせるのであり、問う者は答えを自分で得なくてはならない。つまり彼らは決断しなくてはならないのであり、この決断の重大性が「わたしにつまずかない者は、さいわいである」との言葉に示されている。イエスが来たるべき者であるということは、人間の願望や希望が思い描くような明瞭な仕方でそうであるのではない。彼が来たるべき者であるということは驚くべきことであり、多くの人にとってはつまずきの種となる。そして彼が本当にそうであるのかどうか、ということの決断の責任をわれわれは負わなければならないのである。

つぎに注意すべきことは、決断を下すことができるような何かある事実が存在したことである、とブルトマンは言う。その事実とは、「盲人たちが見えるようになった」ということである。イエスは、われわれが彼の奇跡とよんでいる行為に注意を向けさせる。もし、これらの出来事が実際そのとおりに起こったのだとしても、そのことはわれわれには何の役にもたたないのである。

本来の奇跡

ブルトマンによればイエスが治めるところでは、奇跡が起こる。それは証拠を必要とするようなものではない。奇跡とは、必然性のある自然的歴史的連関のただなかにおいて起こる驚くべきことであり、つまずきの種となるような出来事のことである。人々の心を打ち、恥じ入らせ、揺さぶり、力づけてくれるような、素朴なキリスト教的な愛の証しのすべてが奇跡なのである。それらは実は人間的な行為ではない。イエスが治めるところで起こるすべての出来事が奇跡なのである。

イエスが治めているところとは、福音が説かれているところである。だからイエスの答えた「貧しい人々は福音を聞かされている」ということが最も重要なのであり、ここから他のことも理解されるのである。なぜなら、この説教によってよびおこされた愛の行為が存在するからである。それは、世界を変革しようなどとはまったく思わず、それのもたらす結果を完全に度外視した行為であり、福音によって解放された行為である。このような行為を奇跡として知ることができるのは、これを身をもって経験する人のみである。

貧しい人々に福音が説かれるということこそが、本来の奇跡である、とブルトマンは言う。貧しい人々とは、この目に見える世界で苦しんでいる人々、来たるべき世界を待っている人々のことである。彼らに説かれるのは、この世からの解放である。福音は、神の恩寵《おんちょう》と罪の赦しの使信であるので、人々を世界から解放する力をもっている。それは、イエスの言葉と姿において恩寵を約束する神に自己をゆだねるとき、人間は世界および自己自身から解放されるという使信なのである。ブルトマンは、第二コリント五章一七節のパウロの言葉を引用しつつ、新しい人に対しては世界もまた新たにされると語る。

そしてブルトマンによれば、イエスが来たるべき者であり、イエスが来たときに彼によって自己を新たにされる人に対して、世界も新たにされる。ここにおいて、彼が来たのちになぜ彼のことを来たるべき人として語りうるのか、という問いへの答えが与えられる。つまり彼の到来によって、世界と時を見るわれわれの眼差しがすっかり変化する。彼が到来したということは、やがて過去となってしまう世界の歴史のなかの出来事ではなく、世界の歴史にとって終末を意味する出来事なのである。彼を信じる人々は、時の流れから永遠へと引き上げられる。彼らは真理と純粋さと生命とを与えられる。彼らはもはや苦難や死によって絶望することがなく、またわれわれをとりかこむ悪もわれわれの内なる悪も、彼らをおびやかすことはできない。悪は神の恩寵のうちに呑みこまれてしまう。

このことをキリスト者は信仰において確信している、とブルトマンは言う。地上にいる間キリスト者は、ただ眺めているのではなく、信仰のうちに自分の道を歩いて行かなければならない。そしてイエスの到来は単なる過去の出来事ではなく、あらゆる歴史の終末なのであるから、来たりし者は同時に来たるべき者なのである。このことは、世界と時の終わりに至るまでそうでありつづける。イエスは、依然として歴史の中にとどまっているわれわれにとって、常に来たるべき者であり、時間的な生活や活動のはかなさや苦しみ、罪と死とを超えてわれわれを高めてくれるのである。

降誕節はわれわれに決断をよびかける奇跡であるが、それは二重の意味で奇跡なのである。すなわちこのときに、貧しい人々に対して世界に新しい輝きを与える永遠の光からの使信が鳴り響くのであり、この言葉によってわれわれのうちに愛がよびおこされるのである。この言葉が祝いの中心にあるべきであり、この言葉がすべての自然的な愛を貫通し、それを深め限定するのでなければならない。われわれはこのための正しい備えをすべきなのである。

このように一九三六年の説教でブルトマンは、ナチスの暴虐と戦争の不安におののく人々に、神の勝利を確信して心を安らかにすべきことを説いているのである。

第二次世界大戦の勃発

一九三九年九月、第一次世界大戦終結の二一年後、ヒトラーにひきずられてドイツは再び世界大戦に突入し、破滅への道をつき進んでいった。ヒトラーの腐敗した政権のもとで、人々の生活は抑圧された。大学と社会の生活は大部分が不信と

第二次世界大戦

密告によって毒されてしまった。ブルトマンたちも、ごく親密な友人たちとの小さなサークルの中でしか、自由な知的交流をすることができなかった。そして彼の多くのユダヤ人の友人たちは移民として去っていった。しかも戦争の最中に、彼のただひとりの生き残っていた弟が捕虜収容所で死んだ。そしてナチスの脅威が彼らの耐えうる限界に近づいていたとき、アメリカ軍が進撃してきて、ドイツは解放されたのである。

『ヨハネ福音書』

この戦争のさなかの一九四一年に、ブルトマンはヨハネ福音書の註解書を出版している。これは、五〇〇ページ以上にわたり豊富に宗教史的、文献学的資料を駆使して綿密にヨハネ福音書を研究したものであり、当時の新約学の最高水準を示すものとして評価されている。

第一次大戦中に三七歳の若さで大著『共観福音書伝承史』を発表した彼が、第二次大戦中に五七歳でこのヨハネ福音書の研究の成果を発表したのである。つまりブルトマンは三〇代は共観福音書の研究に没頭し、様式史的方法を確立し、四〇代には『イエス』によって世界に波紋をなげかけ、五〇代にはヨハネ福音書に集中し、その成果として非神話化論を提唱したのである。ブルトマンと言えば非神話化で有名であるが、それは彼の五〇代の後半においてなされたものなのである。非神話化論は『ヨハネ福音書』の完成とともに唱えられはじめたのであり、この主張はヨハネ福音書の地味な釈義の営みから必然的に生まれてきたものといえる。そしてブルトマンはこの『ヨハネ福音書』において、一貫して実存論的解釈の態度を貫いており、そこにはキルケゴールの影響がつよく見られる。

III　非神話化をめぐって

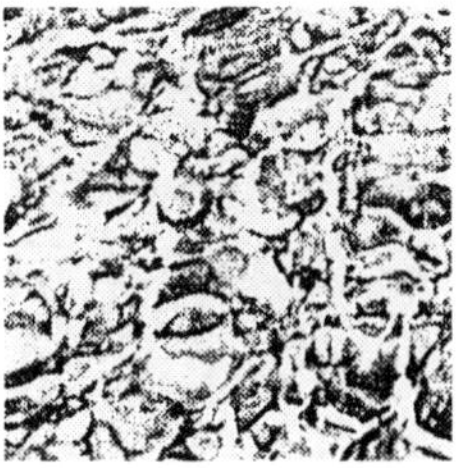

非神話化の提唱

アルピルスバッハの講演　ブルトマンの神学といえば、誰でも「非神話化」という言葉を思い出す。ブルトマンは『ヨハネ福音書』を出版した一九四一年に、新約聖書の非神話化を提唱した。彼はこの年の夏、アルピルスバッハの会議で「啓示と救済の出来事」という題で講演をし、その中ではじめて「非神話化」という言葉を用いた。しかしその時は戦争中でもあり、すぐにこの発言の重要性を十分に認識した人は多くはなかった。だが時がたつにつれて、これが新約聖書の使信の解釈に関する重大な問題提起であることに人々が気づくようになり、間もなくこれに対する賛否両論がさかんになされるようになった。そしてこれが、ドイツのみならず欧米のキリスト教界および思想界に大きな波紋をよびおこす大問題に発展していったのである。ブルトマンの主張に同情的な立場に立つ神学者としてはボルンカム、バルチュ、ゴーガルテンらがいたが、圧倒的多数の反対意見の代表者としてはクルマン、ティーリケ、シュタウファーらがいた。この講演はブルトマンの思想を理解するうえでもっとも重要な内容をもつものなので、ここで少し詳しく見ていきたい。

神話的な世界像

講演の冒頭で、ブルトマンは言う。新約聖書の世界像は神話的な世界像であり、そこでは世界は天界、大地、下界という三つの階層から成っている。天界には神と天使がおり、下界は苦悩の場所、陰府である。そして中間の大地に、神と天使、サタンと悪鬼たちが介入してくるのであり、ここに住む人間の思惟や行動はこれらの超自然的な諸力によって干渉されている。だから奇跡がおこることは稀ではなく、サタンたちは人間を支配し、悪しき思いを吹きこもうとしている。歴史は法則的に進行するのではなく、超自然的な諸力によって方向づけられるのであり、この世はサタンと罪と死の力によって支配され、終末に向かっている。この間近に迫った終末は宇宙的な破局によって実現されるが、その時には苦難や死人の復活ということがあり、また天的審判者の到来により、救いか滅びかの審判がなされるのである。

ブルトマンによれば、この神話的世界像に対応するものが救済の出来事の叙述であって、それが新約聖書の宣教の本来の内容をなすものである。宣教が神話論的な用語で語ることは、いまや時が満ちて終末の時となっているのであり、神はその子をつかわしたということである。先在的な神的存在である神の子は、人間として地上に現れる。彼の十字架の死は人間の罪を贖うものであり、彼の復活はアダムがこの世にもたらした死を滅ぼす宇宙的破局のはじまりである。悪魔的なこの世の諸力は力を失い、復活者は天の雲にのって再臨する。これは間近におこることであり、パウロは自分がこのことを体験するだろうといっている。キリストの教会に属する者が洗礼と聖餐によって主と結合し、救いへとよみがえることは確実である。すでに聖霊は信ずる者の内にはたらいて、彼らが神の子であることと彼らの復活を保証している。

ブルトマンは、これらはすべて神話論的な説話であり、当時のユダヤ教的な黙示文学やグノーシス主義者たちの救済神話に帰せられるべきものであると言う。しかしこのような神話的な世界像は、現代の人間にとっては過去に属するものであり、今日これらの神話論的な説話をそのまま信じることは不可能である。だから今日キリスト教が宣教され、信仰が求められるとき、人々に過去の神話的な世界像の受容を強いるべきか否かということが問題となる。つぎの問題は、新約聖書の宣教は、神話的な世界像に依存しない真理をもっているのかどうかということである。もしそのような真理があるとするなら、キリスト教の宣教を非神話化するということが神学の課題となる、とブルトマンは主張する。

ブルトマンの考えによれば、今日の人々に神話的な世界像の是認を強いることは、無意味であるとともに不可能である。「無意味」であるというのは、神話的な世界像は本来キリスト教独自のものではなく、単なる過ぎ去った科学以前の時代の世界像にすぎないからである。「不可能」であるというのは、世界像はある決意というようなものによって獲得されるものではなく、それぞれの歴史的状況において前もって人間に与えられているものだからである。世界像は不変なものではない。個々人も世界像を変革することはできる。人間は自己に現実的に迫ってくる事実に基づいて、古い世界像がもはや不可能であることを知り、この事実に基づいて世界像を修正し、新しい世界像を設計することができる。世界像は、コペルニクスの発見や新しい原子理論によって変わりうるものなのである。

近代の科学的な思惟

ブルトマンは、徹底的に科学によって形成されているわれわれの思惟は、神話的世界像を再現することができないことを指摘する。新約聖書的神話論をそのまま受容するということは、今日適切なこととはいえない。そのようなことを信仰の要求とすることは、信仰を「業（わざ）」に低めてしまうことである。この要求は「知性の犠牲」を強いることであり、これを敢えて行うならその態度は真実なものではない。なぜならその者は自己の信仰のために、普段の生活において否定しているひとつの世界像を肯定しているからである。ここに、新約聖書的世界像に対して、歴史をとおして伝えられてきた近代的思惟からの批判という仕事が生じてくる。

科学と技術により、世界を経験することと自然を支配する力とがいちじるしく発展した結果、今日では、新約聖書的な世界像にしがみつく者はいない。今日人々が、古くから告白されてきた使徒信条の定式の根底になっている三階層の神話的世界像を信じていないのなら、使徒信条の「陰府にくだり」とか「天にのぼり」というようなことを礼拝において告白することは、いかなる意義をもつのであろうかと、ブルトマンは問う。このような命題は、命題の真実性をつつんでいる神話論的な表象が取り去られるときにのみ、正しく告白されるのである。なぜなら、そのことが神学的に問われるべき事柄だからである。今日いかなる人も、神を天上にある存在として思い浮かべはしない。われわれにとって、もはや古い意味での「天」というものはまったく存在しないし、「陰府」すなわち地の下の世界というようなものも存在しない。キリストが陰府にくだり、天にのぼったという物語は終結し、また天の雲に乗って来たるべき「人の子」の待望や、信者が空中に引きあげられて、キリストのもとにゆくという期待も終結しているのである。

また、新約聖書が期待したようにただちにはキリストの再臨は起こらず、世界史がこれまで継続してきたという事実によって、神話論的な終末論は終結している、とブルトマンは言う。新約聖書は人間を、その内的生命が外的な諸力によって干渉されるものと見ているが、近代的人間は自己の状態や行動の内的一致を自己に帰し、自己を統一的存在として見ているのである。

新約聖書の宣教の問題

ブルトマンは、このような新約聖書的神話論に対する批判によって、新約聖書の宣教が全体的に批判され、除去されることはない、と言う。しかし選択や削除によって神話論的なものを減らすことで、新約聖書の宣教を救うことはできない。新約聖書において、あらゆる神話論的な発言が同等に強調されているわけではなく、ひとつの規則に従ってすべての聖書の文書の中でこれらが主張されているわけでもない。処女降誕の伝承とイエスの昇天の伝承とは、ばらばらに発見され、パウロとヨハネはこれについて知らないのである。この伝承があとからのつけ加えであったとしても、救済の出来事が神話的な性格をもっているということに変わりはない。それに、このような「削除」をするとき、その線をどこに引くべきかが大きな問題となる。神話的世界像は、全体として採用するか、それとも破棄するかのどちらかしかないのである。

神学者および説教者は自分と教会に対し、絶対的に明確であり潔白でなければならない、とブルトマンは主張する。説教者は聴衆に対して、何が真実であり何が真実でないかを不明瞭のままにしておくことは許されない。説教者自身がひそかに削除しているものに関しては、これを聴衆に対して曖昧なままにしておくべきではなく、また彼自身もこれに関して曖昧であるべきではない。新約聖書の宣教が妥当なものとして保持されるためには、これを非神話化する以外に道はない。そのさい、新約聖書的宣教は神話論以外の何ものでもないのかどうか、あるいは新約聖書的宣教をその本来の意図において理解しようとする試みが、神話の削除にまで行きつくのであるのかどうか、ということが問題にされなければならないのである。

ブルトマン

神話の本来の意義

ブルトマンは、神話の本来の意義は、客観的な世界像を与えることにあるのではない、と言う。むしろ神話は、人間自身が自己の世界において、自己をいかに理解しているかをあらわしているものなのである。神話は、宇宙論的にではなく、人間学的に、むしろ「実存論的」に解釈されることを求めている。神話においては、人間が自分の世界と行動の根底および限界として経験する諸力について語られる。神話は、この諸力を既知の世界の圏内へ、また人間生活における原因や可能性の圏内に取りこんで語る。神話は、世界の起源や世界のさまざまな状態を見えるものにしようとして、それらが神々の闘争などによって引きおこされたものとして語る。そこでは、非世界的・神的なものが世界的・人間的に語られ、彼岸的なものは此岸的なものとして現れ、神の彼岸性は空間的な隔たりと考えられている。人間の住む世界は、その基礎と目標を自分ではもたず、その基礎と限界は外部の不気味な諸力によって支配されている。そして人間は、既知のものの彼方で支配する諸力に依存することによって、既知の諸力から解放されるのである。

つまり神話の本来の意図は、世界と人間を隷属せしめている彼岸の力について語ることなのである。しかしその発言は、客観化という特徴によっておおわれているので、神話自体が自己自身、すなわちそれが客観化する諸表象を批判する動因を内に含んでいる。だから新約聖書の神話論が問題とされるときにも、その問いはその客観化する表象内容へと向けられるべきではなく、この表象のうちに現れている実存理解へと向けられるべきなのである。この実存理解の真理性こそが問題なのであり、新約聖書の観念世界に束縛される必要のない信仰こそが、これの真理性を肯定するのである。

ブルトマンは、すでに新約聖書の表象世界の内部に見られる個々の表象が、相互に矛盾しつつ併存しているのだから、それを批判せざるをえない、と言う。キリストの死をひとつの「犠牲」とする考え方と、「宇宙的な出来事」とする考え方が、あるいはキリストの人格に対して「救世主」とする考え方と、「第二のアダム」とする考え方とが併存している。処女降誕と、キリストの先在とは矛盾する。創造信仰と、この世の支配者、あるいはこの世のもろもろの霊力に関する表象は矛盾する。このような独特の矛盾が新約聖書全体を貫いているのであるから、それに対する批判がつよく要求されるのである。一方では人間の宇宙的被決定性について語られているかと思えば、他方では決断に対する招きのことばがある。一方では罪は宿命とされながら、他方ではその罪に責任があるとされている。新約聖書の多くの言葉は、今日の人間に対して直接によびかけているが、他方では今日の人間にとっては不可解なものでもある。そして新約聖書の内部において、非神話化がすでにあちこちで行われているのである、とブルトマンは言う。

神話の批判的解釈

ブルトマンによれば、神学においては以前から非神話化は行われていた。しかし一九世紀の批判的神学において、非神話化は事態に則した方法では遂行されず、神話論が取り除かれるのと同時にケーリュグマ（宣教の言葉）自体も取り除かれてしまった。そして最近ではこれへの逆行として、新約聖書的宣教を無批判に受容するという傾向がつよまってしまった。こうして神学と教会は無批判に新約聖書の神話論を再現することにより、宣教を今日の時代の人間に理解しがたいものとしてしまった。以前の批判的探究の時期に新約聖書の神話論が単純に削除されたとするなら、今日の課題は、新約聖書の神話論を批判的に解釈するということである。そして批判の規準は近代的な世界観からではなく、新約聖書自体の実存理解から取り出されなければならないのである。

新約聖書の神話論はブルトマンによれば、本質的にはユダヤ的黙示文学およびグノーシス的救済神話の神話論であり、この両者は二元論的な根本観念において一致している。この見方によれば、この世界に生きている人間は悪魔的諸力に支配されており、神の関与によってのみもたらされる救済を必要としている。ユダヤ的黙示文学は、切迫している世界の終末において、神が救世主をつかわすことによって古い時代を終結させ、新しい時代を来たらしめることを述べている。またグノーシスは、救済をもたらすのは光の世界から送られた神の子であり、彼は人間を装ってこの世に来たり、彼を信じる人間を解放し、天の故郷への道を開くと述べている。これらの神話論も、客観化する表象よりも、これらのうちにある実存理解によって解釈されなければならないのである。

そしてブルトマンは、キリスト教的な存在の解釈は哲学の領域に移されうる、と主張する。彼は、とくにハイデッガーによる「現存在」の実存論的解明こそ、人間存在に関する新約聖書の見方を世俗的、哲学的に叙述したものであると考える。不安のうちに自己への関心をいだきつつ歴史的に実存する人間は、過去と未来との間の「決断」の瞬間のうちにおかれている。すなわち彼は、目の前の「存在者」の世界、「ひと」の世界のうちで自己を見失ってしまうか、それともあらゆる安全性を放棄し、未来を顧慮することなく自己を投げだし、自己の本来性を獲得するかの決断のうちにおかれている。新約聖書においても、人間はそのように理解されているのである。

それではブルトマンは、キリストの出来事も神話的な出来事と考えているのであろうか。ブルトマンによれば、新約聖書がキリストの出来事を神話的な出来事としていいあらわしていることは明白である。しかしキリストの出来事は、ギリシアの宗教神話などのような意味での神話とはちがう。すなわち神の子として、先在的・神的存在としてのイエス＝キリストは神話的な姿の存在であるが、同時にナザレのイエスという史的な人間でもある。そしてイエスの人格が担った運命は、単に神話的な出来事であるだけでなく、十字架において終わりを遂げた人間の運命でもあった。史的なものと神話的なものとが、ここでは独特の仕方でまざり合っている。ここで神話論的な説話は、イエスの史的な姿と、イエスの生涯の意義、すなわち、その救済の行為と救済の出来事としての意義を表現しようとしたのにすぎないのではなかろうかという問題がおこってくる。神話論的な説話の真の意図はそこにあるのだから、その客観化する表象内容はすてでもいいのではなかろうか、とブルトマンは問うのである。

キリストの出来事

しかし「先在」とか「処女降誕」に関しては、信仰に対する「イエスの人格の意義」を述べることが目的である、とブルトマンは考える。イエスが私にとっていかなる者であるのかということは、イエスを史的に観察しようとする者に対して彼がいかなる者として現れてくるか、ということだけではない。イエスについては、彼の史的な由来を問題にすべきではない。彼の真の意義は、そのような設問から離れたときに初めて明瞭になるのである。彼の生涯および十字架は、史的な根拠というようなものに基づいて尋ねられるべきことではない。彼の生涯の意義は、彼の生涯をとおして、神がわたしに対して語ろうとしている事柄から生じてくるのである。それゆえにイエスの意義は、この世界の内での関連性から把握されるものではない。すなわちそれは、神話論的な用語によって把握されるものではない。彼の由来は永遠から発しているものであり、彼の起源は決して人間的・自然的なものではないのである。

救済の出来事としての十字架

ブルトマンは、キリストの十字架は「救済の出来事」であるのだから、それは単に神話的な出来事として理解されるべきではない、と言う。それは客観化することのできる「史的《ヒストリッシュ》」、世界史的な関連においてではなく、その「意義」から見られ、救済の出来事であるところの「歴史的《ゲシヒトリッヒ》」な出来事として理解されるべきものなのである。客観化する表象の様式にしたがえば、それは神話的な出来事として理解され、先在的な、人となった罪なき神の子が十字架にかけられたということになる。彼は犠牲の供え物であり、彼の流した血はわれわれの罪を贖う。そして、彼が罪の罰であるところの死を引き受けたことによって、われわれは死を免れるというわけである。この、犠牲の表象と法律的な充足説とがまざり合っている神話論的な解釈には、自分はついて行けない、とブルトマンは言う。ブルトマンによれば、この神話論的な解釈は、新約聖書が真に言わんとしていることをまったく示していない。なぜなら、そういった神話論的な解釈は、せいぜい人間がこれまで犯してきた罪、そしてこれからも犯すであろう罪が、それに対する罰が免除されるという意味において、赦されるということを言えるにすぎないからである。むしろ語るべきことは、信ずる者はキリストの十字架によって、人間を支配する力としての罪から、あるいは、罪を犯すことから自由にされているということなのである。

こうしてブルトマンによれば十字架という史的な出来事が、宇宙的な次元にまで飛躍したのである。十字架が宇宙的な出来事として語られ、歴史的な出来事が宇宙的な出来事として表象される独特の思惟方式によって、歴史的な出来事としての十字架の意義があらわにされる。十字架がこの世に対する審判であり、その審判によってこの世の支配者たちが滅ぼされるのであるなら、この世の諸力に頽落《たいらく》しているわれわれに対する審判が、十字架において遂行されているのである。

こうしてブルトマンは、イエスを十字架にかけることによって、神はわれわれのために十字架を立てたと主張する。キリストの十字架を信ずるということは、われわれの世界の外で遂行されたひとつの神話的な経過を観察することではなく、また客観的にながめることのできる出来事を観察することでもない。キリストの十字架を信ずるということは、キリストの十字架を自分のものとして引き受けること、つまり、キリストとともに自己を十字架にかけることを意味するのである。十字架は、救済の出来事としては、神話的な人格としてのキリストにおこった孤立した出来事ではない。十字架は、それの所有する意義においては宇宙的な次元をもっている。そして、十字架が決定的に歴史を変えるところの重要性は、それが終末論的な出来事として見られるときに明らかになる。十字架は、われわれが回顧するような過去の出来事ではない。十字架は、それのもつ意義において理解され、信ずる者にとって常に現在であるかぎり、時間のうちにあるとともに時間を超えた終末論的な出来事なのである。

かくしてブルトマンは、使徒パウロの言葉を引用しつつ、これは聖礼典において常に現在なのである、と語る。洗礼においてわれわれは、キリストの死のうちに洗礼を受け、キリストとともに十字架にかけられるのである。また聖晩餐のたびごとに、主の死が告知される。聖晩餐にあずかるということは、十字架にかけられた体と、そこで流された血にあずかることである。さらにキリストの十字架は、信徒の具体的な日々の生活の遂行において現在する。自己の欲望を十字架にかけるということは、それを閉じ込めることである。また苦難を引き受けることは、この世からの自由を獲得することである。そして苦難を喜んで引き受けることは、イエスの死を自分の身に負うことであり、イエスのために死に渡されていることを意味する。かくして、キリストの十字架と苦難は現在的なものとなる。キリストの十字架と苦難は、イエスの十字架という過去の出来事の上に限定される必要はないのである。

われわれのための十字架

それゆえにブルトマンにおいては、救済の出来事としてのキリストの十字架は、決して神話的な出来事ではなく、ナザレのイエスの十字架という史的な出来事にその起源をもつ歴史的な出来事なのである。それは、その歴史的な意義においては、世に対する審判であるとともに、人間に対する解放的な審判なのである。そして、このようなものであるかぎりにおいて、キリスト教で伝統的に十字架の解釈とされてきた満足説や犠牲説とは別の意味で、「われわれのために」彼は十字架にかけられたのである。史的な出来事は、真の歴史的な理解の仕方によってその意義が理解される。だから、救済の出来事としての史的な出来事は、神話論的な理解によってではなく、歴史的な理解の仕方によって真に解明されるのである。神話論的な説話というものは、根本的には史的な出来事の意義を表現しようとしているものなのである。ナザレのイエスの十字架という史的な出来事は、その独自の意義において、新しい歴史的状況を創造した。すなわち、救済の出来事としての十字架の宣教は、聴く者に向かって、この意義を自分のものとするか否か、キリストとともに十字架にかけられようと欲するか否かを問いかけているのである。

しかしその意義は、十字架という史的な出来事から読みとることができるだろうか、とブルトマンはさらに問う。十字架が、そのような重要性をもっているということは、それが「キリストの十字架」だからなのではなかろうか。それならば、十字架の救済的意義を信じる前に、キリストを信じなければならないのであろうか。十字架を真に理解するためには、それを史的なイエスの十字架として理解しなければならないのだろうか。つまり史的なイエスに帰ることが必要なのであろうか。ブルトマンによれば、このことは初代の宣教者たちには当てはまるだろう。彼らは、自分たちと生ける現在において結びつけられている者の十字架を体験したからである。彼らにとって、イエスの十字架は自分たちの生活にかかわる出来事であった。この個人的な結びつきから、彼らにとって十字架は問いとなり、そしてその意義が明らかになったのである。しかしわれわれにとっては、このような結合性を再現することは不可能であり、またそこから十字架の意義が明らかにされるということも不可能である。もはや十字架は過去の出来事であり、われわれの生活にかかわる出来事ではない。しかし新約聖書は、十字架の意義がイエスの史的な生涯から明らかにされるというようには宣《の》べ伝えていない。むしろ、十字架にかけられた者は同時に復活した者として宣べ伝えられているのであり、十字架と復活はひとつに統一されているのである。

キリストの復活

次にブルトマンは、キリストの復活はそれ自体においてまったく神話的な出来事である、と言う。復活は、常にその意義において理解されるような史的な出来事ではないから、キリストの復活に関する説話というものは、十字架の意義の表現なのである。イエスの十字架の死は、人間的な死として見られるべきものではなく、世に対する神の解放的な審判として、死を無力化する神の審判そのものとして言いあらわされている。十字架にかけられた者が、そのまま死にとどまることなく復活したという章句に、この真理がいいあらわされている。パウロの言葉を引用しつつ、十字架と復活とは「宇宙的な」出来事としてはひとつに統一されている、とブルトマンは言う。つまり十字架がイエスの死と陰府への降下であり、そののち、死の征服である復活がつづくというように語られてはいない。死をこうむる者こそが神の子なのであり、彼の死そのものが死の力の克服なのである。ヨハネ福音書はそのことをもっとも強く表現しており、イエスの受難を栄光の時として語っている。またそれは、イエスが「あげられる」ということを、十字架にあげられることと栄光へとあげられるという二重の意味で理解しているのである。

こうしてブルトマンの主張するところによれば、十字架と復活は、両者が「宇宙的」な出来事として総括され、この出来事によって世が裁かれ、真の生命の可能性がつくり出されるという意味において、ひとつの統一なのである。しかし復活は、十字架が真に十字架に帰せられるべき宇宙的、終末論的意義をもっていることを、問う者に承認させるような保証を与える奇跡ではありえない。また問う者がそれによってキリストを安全に信ずることができるというような保証を与える奇跡でもありえない。なぜなら、復活は神話的出来事として信じがたいだけでなく、復活そのものが信仰の対象だからである。そして、十字架の救済的意義に対する信仰を、復活に対する信仰によって確証することはできないのである。しかし、キリストの復活が信仰の対象であるということは、復活とは死者のこの世の生命への帰還というようなことを超えたところにあることを意味している。それはひとつの終末論的な出来事であり、それゆえに保証を与える奇跡というようなものではありえない。

しかし新約聖書によれば、キリストの復活は、キリストによって死が滅ぼされ、命と朽ちざるものとが明らかに示されたという徹底的に終末論的な事実である。パウロは、キリストの復活を明らかにするためにグノーシスの神話の概念を用いて、イエスの死によってすべての人が死んだのであるから、そのよみがえりによってすべての人が死からよびさまされた、と語る。すなわち、宇宙的な出来事が時の流れのうえに分与されたのである。パウロはキリストとともに死に、キリストとともによみがえることを現在的な出来事として語った。バプテスマの礼典とは、キリストと共なる死に参与し、彼と共なる復活に参与することである。われわれは彼とともに新しい生命に歩み入り、彼の復活と等しくなるであろうし、また、すでにそうなっているのである。

だからブルトマンは、われわれの日常的な生活において、イエスの十字架に参与しているとともに、その復活に参与していることが示される、と言う。そして復活は、十字架の意義を信じうるものにする神話的な出来事ではなく、十字架の意義が信じられるのと同様に信じられるべきものなのである。復活信仰は、救済の出来事としての十字架への信仰以外のものではない。まずキリストを信じ、それからキリストの十字架を信じるということはできない。キリストを信じるとは、キリストの十字架を信じることである。それは、キリストの十字架であるから救済の出来事であるのではなく、救済の出来事であるからそれはキリストの十字架なのである。

それではわれわれは、いかにして救済の出来事としての十字架を信ずることができるのであろうか。それはブルトマンによると、十字架は復活とともに宣べ伝えられるからである。十字架にかけられよみがえりたもうたキリストは、宣教の言葉においてのみわれわれに出会う。そしてこの言葉に対する信仰こそ、復活節の使信への信仰なのである。こうして宣教の言葉は、それを信ずることを欲するか、それとも欲しないかと問いかける神の言葉として、われわれに出会うのである。それの問い方は、キリストの死と復活を終末論的な出来事として信ずることを命じ、われわれ自身の理解の可能性をひらくという問い方である。だから、信ずるか否かということは盲目的に、任意に決意することではなく、理解しつつ然りか否かをいうことなのである。

こうしてブルトマンにおいて真の復活節の信仰とは、宣教の言葉を理解しつつ信ずる信仰である。つまりそれは、宣教の言葉こそが正当な神の言葉であるという信仰である。復活節の出来事は、それが十字架とならぶ史的な出来事とよばれるかぎり、「よみがえった者に対する信仰」の成立以外のなにものでもないのであり、そこに宣教の言葉の起源がある。キリストのよみがえりとしての復活節の出来事は、決して史的な出来事ではない。歴史家は、イエスと弟子たちとの間の人格的な結びつきを省察することをとおして、ある程度まで、復活節の信仰の成立を把握することができたのである。しかし、歴史家にとって復活節の出来事は、弟子たちの幻影的体験にまで還元されてしまうのであり、キリスト教的な復活節の信仰は、史的な問題には関心をもたないのである。キリスト教的な復活節の信仰にとっては、この信仰が発生した史的な出来事が初代の弟子たちに対してそうであったように、よみがえった者の自己証言、十字架の救済の出来事をそこで完成せしめる神の行為を意味するのである。

復活節の信仰

またブルトマンは、初代の弟子たちの復活節の信仰は、それに基づいてわれわれが復活を信ずることができるような出来事に属しているのである。すなわち、復活節の出来事に起源をもつ宣教の言葉それ自体が、終末論的な救済の出来事に属しているのである。宣教の言葉は人間に対して、お前はキリストとともに十字架につき、それゆえにまたよみがえった者として自己を理解することを欲するか否か、と問いかける。この言葉が語られるところで、十字架と復活は現在のものとなり、終末論的な「今」が生じてくる。だから審判は、使徒の説教のうちに遂行されている。われわれは、説教された言葉においてのみ、よみがえった者に出会うのである、とブルトマンは語る。

ブルトマンによれば「み言葉」や「説教する使徒」と同様に、そのみ言葉が宣べ伝えられ、人々が終末論的実存へと転換した者として集う「教会」も、終末論的な出来事に属する。「教会」は終末論的な概念であり、それが「キリストのからだ」というように言いあらわされるなら、そこで教会の宇宙的な意義が表現されることになるのである。

最後にブルトマンは言う。自分はこうして新約聖書的宣教の非神話化を試みてきたが、これでもなお神話論的なものは残っているであろうか。もし神の決定的な終末論的な行為が語られるとき、それを「神話論」とよぶ人がいるなら、その人にとってはそれはたしかに残っていることになるであろう。しかしそのような神話論は、もはや神話的な世界像の衰退とともに滅びさった古い意味での神話論ではない。なぜなら自分の語る救済の出来事は、不可思議な超自然的な出来事ではなく、空間と時間の内部での歴史的な出来事だからである。そして自分がその出来事を、そのまとう神話論的な衣装を解いて叙述したのは、それがまさに新約聖書の意図に従うことであり、新約聖書的宣教の逆説を、その完全な正当性に復帰させることになるからである。その逆説とは、神から終末的につかわされた者がひとりの具体的、史的な人間であり、神の終末論的な行動がひとりの人間の運命において遂行されていること、そしてその行動は終末論的なものだからこの世の法則では立証することができないということである。

以上のように、ブルトマンにおいては、真に史的な人間のうちに神が現在的に行動し、この方によって神が世と和らぎたもうたのである。そして神の言葉は、神秘的な神託の言葉などではなく、救済史的な意義をもつナザレのイエスの人格と運命についての真の宣教である。そしてこの宣教は、終末論的な神の言葉であることを要求する。宣教者、使徒、教会は史的、社会学的現象ではあるが、じつは終末論的な出来事である。このことは、ただ服従的な信仰においてのみ克服される「つまずき」である。これらは、史的、社会学的、心理的観察に服するものであるが、信ずる者にとっては終末論的な現象なのである。そしてこれを証明することができないということが、キリスト教的宣教が神話論であるという非難からこれを守るのである。神の彼岸性は神話で語られるような仕方で、此岸性とされるのではない。そうではなくて、彼岸的な神が歴史のうちに現存する、という逆説が主張されるのである。

以上でブルトマンの非神話化の提唱が、いかに彼の深い信仰から生まれてきたものであるかが理解されたであろう。ここで論証のために引き合いに出される新約聖書の箇所は、パウロの書簡がもっとも多く、それについでヨハネ福音書およびヨハネ第一の手紙である。そして共観福音書はごくわずかにしか言及されていない。この講演が、第二次世界大戦のさなかになされたということは、ブルトマンの精神が時代の荒波をこえる力強いものであったことを示している。彼の思想は、苦難のおりにこそ、その真価を発揮したのである。

奇跡について

奇跡信仰とは

ここでわれわれは、ブルトマンが一九四一年七月一三日に、ルカ福音書五章一〜一〇節をテキストにして「奇跡」について語った説教を見てみよう。この夏に彼は、これまで見てきた「新約聖書と神話論」の講演をアルピルスバッハの会合でしている。だからわれわれはこの説教において、学問においては非神話化の提唱をしていたブルトマンが、その時期に礼拝においていかなることを語っていたのかを知ることができる。つまりこの説教は、ブルトマンにおいて学問と信仰がどのようにかかわり合っているのかを示してくれるのである。

このテキストの箇所は、イエスがゲネサレ湖畔で漁師たちに沖へこぎ出し、網をおろして漁をせよと命じ、彼らがそのとおりにしたところ大漁で舟が沈みそうになった。そしてイエスは、ペテロたちに、今から汝らは人間をとる漁師になるのだと招き、彼らはこれにこたえていっさいをすててイエスに従った、というところである。

まずブルトマンは、この物語はキリスト教の奇跡信仰とは何かという問題を提出している、と言う。そして彼は、このような奇跡を本当の出来事とみなすことが、キリスト教の信仰の一部をなすのであろうか、と問う。われわれは、このような奇跡を経験しないだけでなく、可能とみなすこともできない時代に生きている。世界のすべての出来事が不変の法則に基づいて生じていることを人々は理論的に確信し、またすべてのことは自然的な原因と結果によって生じているということを考慮して生活している。もし、原因と結果の連関が、突然わけもなく引き裂かれてしまうようなことが予期されるのなら、われわれは仕事を計画的にすることも、自分の行為に責任をとることもできなくなってしまう。

われわれは、このような連関を完全に知っているわけではないし、自分のしたこととの結果を確実に予測できるわけでもない。またわれわれは、まだ知られていない自然の神秘的な力が存在することも心得てはいる。しかし、そのことが奇跡を信じているということにはならない。それは、まだ知られていないもの、まだ探究されていないものを予期してしているにすぎない。そして、科学は、研究計画がいっそう確実なものとなり、世界をさらに支配するために、まだ探究していないものを探究しようと努めている。しかし常に新しい謎が出現してくるから、このようなことが完全に遂行されることはありえない。人生においても、思いがけないものや常ならぬものに対していつも備えていなければならないが、それはまだ本来の奇跡信仰というものではない。

キリスト本来のわざ

ブルトマンによれば、新約聖書の奇跡物語が事実であったとみなすことが本当のキリスト教の信仰なのではない。キリスト教の信仰とは、キリストにおいてわれわれにあらわされている神の恵みへの信仰のことなのである。キリストの本来のわざは、律法と死の克服にある。だからキリスト教の信仰とは、律法と死からの解放者としてのキリストを信じることである。しかしこれに反対して、自分たちはすべての所有を信仰において神に捧げなければならないのだから、自己の思考をも神に捧げなければならない。だから奇跡物語を事実と信じることからキリスト教の信仰は生じるのだ、と主張する人々がいる。このような人々に対してブルトマンは、厳格な知的誠実さは、決して神から切り離しうるものではなく、それこそがまさにキリスト教信仰の一部をなすものなのだと答える。ブルトマンにおいては、信仰とは知的誠実さを抑圧することではない。新約聖書の奇跡物語を信じるか否かということに対しては、ブルトマンはパウロの言葉をひいて、「わたしたちがそれらを信じても益にはならないし、信じなくても損はない」と言う。

しかし同時にブルトマンは、キリスト教の信仰は奇跡信仰であり、神の奇跡を自己の生のうちに体験するよう備えていることである、と言う。われわれは奇跡物語を、イエスがわれわれの生におよぼしうる奇跡的な力が描かれている絵画のようなものとして理解すべきである。ルカ福音書の奇跡物語は、ペテロが奇跡的な漁をしたということではなく、彼が使徒として召されたことを示そうとしている。本来の奇跡は、彼の使徒としてのはたらきであり、また人の口を通して語られる神の言葉のはたらきである。まさにこの奇跡が、このテキストにおいては奇跡のような漁として示されているのである。

だから奇跡を信じるということは、自己の生のうちで神の奇跡的なわざに出会うことの備えがなされていることであり、そのような出会いを信じることである、とブルトマンは言う。しかし現代においては、神の創造的なはたらきは隠されており、現代人には神を創造者として見たり経験したりすることが不可能になっている。神が創造者であることは、すべての人がそれを見たり承認したりできるような明白なことではない。神が創造者であることは理論的な真理ではなく、体験において、信仰のうちでのみ把握されることなのである。

創造者たる神への信仰

さらにブルトマンは、創造者なる神への信仰こそ、根本においてキリスト教の信仰のすべてである、と言う。世界と運命とは不可解であり、人間は自分に有罪の判決を下して苦悶している。しかしそれにもかかわらず、神は恩寵をもって人間を創ったのであり、その創造者としての御手のうちに彼らを保つのである。そのことを人間に知らせるような出来事こそが、本来の奇跡なのである。この唯一の奇跡を待ち望んでいるときにのみ、人はそのような奇跡に出会うことができる。そしてこのような問いによって動かされているときにのみ、人はイエスの言葉に出会うのである。

ルカ福音書の奇跡物語が語っているのは、イエスがペテロたちを漁にさそったのは、彼らが一晩中はたらいても何も取れなかった後のことだったということである。彼らは自分からはもう何もしようとしなかったであろうが、そのとき沖へ、すなわち漁にもっとも不向きな深い所へこぎ出して網をおろせと命じられたのである。この物語は、人間は自分の力が尽きたところでこそ、イエスの言葉に出会うということを教えている、とブルトマンは言う。自分の状況を絶望的なものと認めないかぎり、イエスの言葉を聴くことはできないのである。

またブルトマンによれば、創造者としての神の支配は人間には隠されており、人間が神の奇跡を経験するのは非常にまれである。その理由は、人間が自分の生を自分の意のままにしようとすること、つまり人間が自分の思いと自分の力によって生きようとすることにある。こうして人間は、世界に対して一定の見方を支配的にさせてしまう。その見方というのは、世界を原因と結果という法則に基づいてみようとするものである。そしてその世界とは、人間が自分たちのためにその諸力を利用している世界であり、また自分の計画にしたがって形成する世界なのである。世界をこのような仕方で見ている者には、創造者としての神の支配が明らかにされることはない。

こうしてブルトマンにおいて本来の奇跡とは、神が罪人をみもとによびよせ、仕えさせること、神が罪深い人間を変え、新たな清い者にすることである。すなわち唯一の奇跡とは、イエスにおいて出会う神の救いの恵みの言葉が人間を新たに創造すること、その言葉が人間を古い罪ある自己から解放し、新たな創られた者とすることなのである。創造者としての神の支配は、この言葉が響きわたっており、全実存をその言葉に従わせる備えができているかどうかを今ここで問いかけている、ということのうちにあらわれている。このような救いの言葉を受け入れる者は、神が彼を自己自身から自由にし、神の奇跡を見さしめ、さらには神の奇跡を行わしめることを知るのである。

このような人は、世界をもはや他の人々が見るようには見ない。彼はこの世界を、自分がその中ではたらくべきものと見るのであるが、その秩序と法則が打ち破られることに神の奇跡を見ようとはしない。むしろ他の人々にとっては法則にしたがった普通の出来事にすぎないことが、彼にとっては神のわざとなり奇跡となる。それらは彼をゆさぶり、彼に無力と滅びを自覚させ、神の恵みに与《あずか》らしめる神のわざなのである。たとえ世界が法則的なものとして現れ、これが神の被造物であることを承認することの困難さが思考にとって存在はしても、キリストにおける神の愛に出会った者は、そのことを正直に語ることができるのである。

奇跡を見る人

このように神の奇跡を見、みずからも奇跡を行うひとは「沖へこぎ出せ」というイエスの命令に従い、自分の仕事を新しい光のもとで遂行していく。それは、もはや彼自身の力や計画に基づくものではなく、神の恵みによって担われたわざである。彼は人間的な思いでは計りえないことをなし得るのであり、自分のなしたことの結果を神の御手にゆだねる。そして彼は他の人々に対して神の愛を証しし、聴きとりうるものにする力を与えられている。こうして人間は、神の奇跡を見るだけでなく、みずからの分に応じて奇跡を生ぜしめることによびかけられているのである。

この説教の最後でブルトマンは言う。これは大学での学期の最後の礼拝であるが、特にここに集まっている人々にはひとつの深刻な問いがなされている。この学期、自分たちはここで研究に従事することがゆるされた。しかし研究から引き離され、国外で困窮と危険のうちにおかれている多く同僚や友人たちのことを思うとき、彼らに深い恩義と感謝を覚えずにはおられない。ここで研究に従事できたことは、これを受けるに値しない自分たちに対する神の賜物である。そしてこれもまた、自分たちに与えられた奇跡と解すべきである。だから自分たちの責任をいっそうきびしく自覚し、困難な憂いに満ちた時代にあって、創造者の誉れが鳴り響くように、神の奇跡を自分たちの無力なわざで証ししていかなければならない。

ブルトマンのこの説教が、非神話化の最初の提唱とほとんど時を同じくして語られたことを思うとき、あの提唱は、戦争の困難の中にあって創造者の誉れを鳴り響かせるいとなみであり、神のわざ、神の奇跡を証しするものであったといえる。われわれは、今このブルトマンの説教を読むとき、一見人々の信仰をつまずかせるようにも思えた非神話化の主張が、実は誠実で真剣な彼の信仰の結実であったことがわかるのである。しかも、まさにあの第二次大戦の混乱と悲惨の中でこの非神話化論が叫ばれたということは、これが困難と苦難の中から、それにうちかって生まれてきたキリスト教の真理性のしるしであり、そしてまさにあの困難をきわめた時代にもっともふさわしい提唱であったということができるのである。

ボンヘッファーの評価

ここで、ドイツの敗戦の直前にナチスによって三九年の生涯をおえさせられた神学者ボンヘッファーが、一九四四年にテーゲルの獄中で書いた手紙の中で、ブルトマンの非神話化について自分の考えを表明しているので、それを見てみよう。その前にボンヘッファーについて簡単に紹介しておこう。

殉教者ボンヘッファー

ディートリッヒ＝ボンヘッファー（一九〇六～四五）は、ブレスラウに精神病理学教授を父として生まれ、テュービンゲンおよびベルリン大学で、ハルナック、ゼーベルク、リーツマン、シュラッター、カール＝ホルらの下で神学を学んだ。ベルリン大学を卒業するときに書いた論文『聖徒の交わり――教会の社会学についての教義学的考察』は、バルトの影響が見られる教会論についての論文で、三年後の一九三〇年に出版された。三三年二月、ヒトラーが首相となり政権を握った直後に彼はラジオ放送で、ナチスがドイツ国民を誤って導く危険性のあることを勇気をもって語った。同年一〇月にはロンドンにわたり、そこのドイツ人教会の牧師となった。またこの頃彼は、世界教会運動を評価し、告白教会と世界教会との間にあって、教会の正しい一致と平和のために尽力した。彼は三五年四月に帰国したが、ゲシュタポによって説教をすることとベルリン市に入ることを

ボンヘッファー

禁じられたので、フィンケンヴァルデに設けられた告白教会の牧師研修所の校長として、若い牧師補たちとともに、緊迫した時代での教会の課題を探究した。『服従』（一九三七）、『交わりの生活』（一九三九）はこの頃の著作である。三九年六月、彼は亡命を考慮して米国に行くが、七月には考えを翻して帰国した。この頃から国防軍内部の抵抗派に接近をこころみたが、彼の地下政治運動はナチスに対して闘争していた者たちの大きな精神的支柱となった。彼は四一年にスイス、四二年にはスウェーデンをおとずれ、世界教会との連帯の中で、反ナチ運動をさらに進めた。彼はヒトラー暗殺計画に参加していたが、それが発覚してしまい、四三年四月、妹夫婦とともにゲシュタポに逮捕された。そして約二年間、強制収容所に入れられたが、この間に獄中から友人に書きおくった手紙が死後、『抵抗と信従』として出版された。

「神話論が事柄それ自体」

彼は五月五日の親友ベートゲへの手紙の中で、次のように書いている。「君はブルトマンの『新約聖書の非神話化』についての論文は覚えているだろうね。あれに対する僕の考えは、今のところ、次のようになるだろう。つまり、彼はたいていの人が考えているほどには『行き過ぎて』はいない。むしろ行きかたが足りなすぎるのだ。奇跡とか昇天等々といった『神話論的』諸概念だけでなく（それらは、神とか信仰とかいう諸概念から原理的にはやはり分離されない)、『宗教的』諸概念そのものも問題をはらんでいる。(ブルトマンも言うように) われわれは神と奇跡とを互いに切り離すことはできないが、二つとも『非宗教的に』解釈して宣べ伝えることができなければならない。ブルトマンの傾向は基本的にはやはり、まさに自由主義的だが (つまり福音を切りつめている)、それに対して僕は神学的に考えようとしているわけだ。」(ベートゲ編『ボンヘッファー獄中書簡集――抵抗と信従』増補新版、村上伸訳)

また六月八日には次のように書いている。

「ところでブルトマンは、バルトの限界を何らかの仕方で感じ取っていたように思われるが、しかし彼は、それを自由主義神学の意味で誤解し、その結果、典型的に自由主義神学的な還元法に陥っている (つまり、キリスト教の『神話論的』諸要素が除去され、キリスト教はその本質に還元される)。さて僕の考え、『神話論的』諸概念を含めて、全内容がそのまま存続しなければならないということであり、――新約聖書は、ある一般的真理が神話論的衣装をまとったものではない!むしろ、この神話論 (復活など) が事柄それ自体なのだ!――しかし、これらの諸概念は今や、信仰の条件として宗教を (パウロにおける「割礼」参照!) 前提としないようなやりかたで解釈されなければならないということだ。僕の考えでは、そのようにして初めて、自由主義神学 (バルトも、たとえ否定的であるにせよ、まだそれによって規定されている) は克服され、しかし同時に、それの問題が本当に取り上げられ、答えられる (そういうことは、告白教会の啓示積極主義においては起こっていない)。実際この世界の成人性は今や、もはや論争や弁証を挑むための機会ではない。むしろ、世界はそれが自己自身を理解するよりもさらに良く理解される。すなわち、福音から、キリストから理解されるのだ。」（前掲書）

このようにボンヘッファーがブルトマンの非神話化について非常に興味をいだき、獄中においてこの思想と真剣に対決していたということは、当時の真摯《しんし》なキリスト者に対してブルトマンの非神話化がどれほど大きな波紋をおよぼしていたかということの証しである。ボンヘッファーは一九四五年四月九日、ナチス政権の崩壊の直前に処刑されたが、その最後の関心は「世界の主なるキリスト」ということだった。彼にとっては、キリストこそがこの神なき非宗教的・成人した世界の主だった。彼の思想は未定のまま中断させられてしまったが、彼の提起した「成人した世界」、「世のためにある教会」、「非宗教的キリスト教」という問題は、それ以後のキリスト教界に影響をおよぼしている。彼の神学思想はゴーガルテンに代表されるキリスト教世界の「世俗化」論、米国の「神の死の神学」などに受けつがれている。特に「成人した世界」という、手紙の中にくりかえし出てくる言葉は重要である。ここで彼は、それまで否定的にしか受けとられてこなかったこの「神なき」「非宗教的」「世俗的」な現代の意味を積極的に評価しようとする。宗教というものは、人間がまだ未熟であることのしるしである。しかし現代世界は、もはや宗教を必要としない「成人した」世界となったのである。宗教の時代はもう終わった。今や人々はその宗教的な衣装を脱ぎ捨てて、福音を非宗教的に宣べ伝えるべきなのである。

このようなボンヘッファーの考えとブルトマンの非神話化の主張には、両者ともきわめて現代的な特徴があるために、互いに深くかかわり合うものをもっている。もしボンヘッファーが生きのびて、ブルトマンとさらなる思想的対決をすることができたなら、それ以後のキリスト教界にとってどれほどの実りがあっただろうと考えると、彼の早すぎた死は惜しまれてならない。

戦争の終結

一九四五年五月、ドイツは連合軍に降伏し、戦争は終わった。この間に、ナチスに抵抗したため、ボンヘッファーは処刑され、バルトはスイスに去り、ティリッヒは米国に亡命していた。ハイデッガーやゴーガルテンは、一時的な判断の誤りにより、戦後人々から非難を浴びせられた。このような中にあってブルトマンは、ドイツ－キリスト教界の指導者として誠実に自己の責務を果たしたのである。幸い、追放とか亡命という事態には至らなかったが、戦争中に彼のとった態度は人々の精神的な支柱だったのである。

第二次世界大戦直後のドイツの生活は、外国から自発的な贈物がなされたにしても、容易なものではなかった。そしてブルトマンは、この困難なおりに、直接的にあるいは間接的にこれらのものを送ってくれた人々のことを、いつまでも感謝のうちに思い出すのである。とくに彼は、マールブルク大学の再建のためにつかわされてきたアメリカの人々に大きな感謝を表明している。

目に見えない世界について

世界での苦難

終戦の一ヵ月後の六月一七日に、六〇歳のブルトマンは、コリント人への第二の手紙四章六～一一節をテキストにして、次のような内容の説教をしている。

敗戦という経験をさせられている自分たちドイツ人の心は、当面の患難《かんなん》をどのようにして克服すればよいのかという心配で満たされている。しかしこのパウロの言葉が語っているのは、そのような心労にとらえられてはならないということである。このような患難は、将来克服されるべきものではなく、むしろ現在すでに内的に克服されるべきものなのである。もっとも大切な問いは、いかにして患難を取り去るかではなく、いかにして患難をのりこえるかであり、いかにして患難を克服し幸福でいられるかではなく、どのようにすれば患難のうちで幸福でいられるのかということである。このようなことを問う人は、これから起こってくるさまざまの課題に対して最も有能に取り組むことのできる人である。こういう人々は、ときには興奮し、ときには打ちのめされるというようなことなく静かな内的快活さをもって、自分の仕事をなしていくからである。

パウロの力は、彼が二つの世界に生きていたことから来ている。彼は、無常で死に支配された目に見える世界のうちに生きているだけでなく、窮したり行き詰まったりすることのない、目に見えない世界のうちにも生きている。彼は、目に見える世界で生じるすべての苦難を克服する力を、この目に見えない世界から得ているのである。さらに彼にとっては、目に見える世界での苦難は、目に見えない世界への確信をさらに強めるためのものなのである。

精神の世界の意味

ブルトマンは、福音が精神の世界の証しであり、恵みは精神の要求をつよめ、この要求のもとで内的に統一されて生きる力を与えるということを語る根拠を、とくに今のドイツ人たちはもっている、と言う。もしある民族に、精神の世界への信仰や、精神の世界の要求に聴き従うことが失われるなら、いかなる内的および外的破局がもたらされるかということを、自分たちはこの数年間に痛切に体験させられたからである。ナチスの支配のもとに、「正義」ではなく「力」が民族と世界に秩序をもたらし、民族の役に立つもののみが正義として承認されるべきことが強制された。博愛という理想は軽んじられ、道徳や良心は奴隷根性がつくりだしたものだとされた。唯一の義務的な要求は、精神からではなく血から生じてくるのであり、それは種族の自己保存欲と権力への意志なのであるとされたのである。

このようなことをブルトマンが語ったのは、崩壊した体制を告発するためではなく、自分たちがいかに恐るべき道を歩んでいたのかということに人々の目を向けさせるためであった。ナチスの誤った世界観は、それまでの一世紀の発展の帰結にすぎない。精神に対する信仰がしだいに失われ、民族主義的な権力への意志が政治的思考を支配していった。役に立つことや利益になるということが、教育、職業の選択、人々の生き方といったものをしだいに規定するようになった。しかし実際的に成功した人生が、人間にふさわしい真の人生とよばれる人生ではない。真の人生は、抜け目のない実務活動でよりも非実践的な学問のうちでの方がよく保たれるのである。しかし、人間を高貴なものにし、外的な困窮のうちにあっても内的に幸福にする力である精神への信仰はこれまで失われていた。信仰や宗教の生命も消え失せた。教会や信仰の意味が、目に見える世界の内部で何かあることをなすことにあるかのように、教会は国民生活や文化のために何をしたのか、ということがしばしば問われた。しかし宗教の意味は、目に見える世界をこえて、瞑想や祈りのうちに入るためにあるのである。日々の喧騒《けんそう》から逃れていける場所、目に見えない世界のうちで生きるための力を与えられる場所であるところに宗教の意味はある。

内的な宝

しかし自分たちは、日々の営みから区別されたそのような静かな時をもっていたであろうか、とブルトマンは問う。自分たちが二つの世界のうちに生きていることを認め、さらに本来の故郷がどちらの世界にあるのかを問うたであろうかというのである。そしてまさにこの説教がなされたのは、二つの世界があることを悟らせてくれる時であった。目に見えない世界は目に見える世界によって圧迫されつづけ、人々の内的世界は外的世界によって押しつぶされそうになっている。だから、ますます目に見えない精神と恩寵の世界の存在を信じなければならない。精神の世界や恩寵の世界が与える内的な宝なしに困窮の時代にあれば、誰でも堕落し絶望するほかはない。しかしこのような内的な宝のうちに自己の本来の生命を見出す人は、困難のうちでも支えをもっているのである。

戦争のもたらした悲しみや苦しみは人々を打ちのめしたのであり、人々が絶望的になったとしても不思議はない。財産や愛する者を失った人達の人生は、むなしい無価値なものとなってしまったように思われるかもしれない。今は誰もが生活に必要なものを手に入れるために毎日苦労しており、そのために思考と能力を必死ではたらかせているので、精神の世界に生きる時間もエネルギーもないかもしれない。

しかし、精神の世界で内的に生きるためには、特別の時間やエネルギーは必要ではない、とブルトマンは言う。悲しみや苦しみが非常に大きいので、学問や芸術に打ち込む時間やエネルギーがないということもあろうが、善なるもの、真なるものに誠実であろうとする人は、日々の困難のうちでも精神の世界に生きることができるのである。そのためには、自分の欲望にとらわれることなく、困難のなかにあっても、正直と親切によって心が支配されなければならない。精神の世界に誠実であろうとする人は、自分とともに精神の世界を信じる人々を見出すことができる。そのような信仰が真の共同体をつくりだすのであり、またそのような共同体をその内的な結びつきによって支えつよめるのである。

外的生活が困難にあるとき、いかにして精神と恩寵の世界に生きることができるのか、ということに対してブルトマンは、むしろあらゆる困難が人間を恩寵の世界に導くとパウロが語っていることとを指摘する。パウロは患難を受け、途方にくれ、迫害されることを、イエスの死を身に負うていることとして語っている。パウロは、すべての苦しみを十字架の光のもとで理解している。パウロにとってキリストの十字架は、単なる過去のひとつの史的な出来事ではなく、この史的な出来事からはじまってキリスト人間の歴史全体に浸透している出来事なのである。それは、神が此岸的世界の全体を「空《くう》なり」と宣言された出来事である。苦悩こそ、此岸的世界が仮のものであり、はかないものであることを悟らせてくれるものであることが理解されるところでは、キリストの死が生じている。また、人がキリストの十字架を引き受けているところでは、キリストの復活の命が現実となっている。だからあらゆる困難は、人間が此岸的なもの、目に見えるものから自己を内的に解放し、神から授けられる恵みにすべてをゆだねるように人を導くものなのである。

この神から授けられる命のことを、われわれは具体的に思い浮かべることはできないが、なんらかのことを感知することはできる。なぜなら、われわれは二つの世界にまたがって生きているからであり、まさにそのことが恵みなのである。この恵みによって、われわれは自分の力では何ごともなしえないことを学ぶのであり、十戒の第一の戒めの、すべてのものにまさって神を恐れ、愛し、敬うということが何を要求しているのかが理解されるのである。

この説教においてブルトマンは、ナチスの支配によって破壊されたドイツの人々の精神を癒し、また立て直そうとしている。この説教を敗戦の一ヵ月後に聴いた人々は、苦悩と失意の心を慰められ、新しい気持ちをもって出発し、自己の責務を誠実に果たしていく力を与えられたことであろう。ブルトマンの説教には、人を力づけ、奮い起たせるものがある。

バルトの対応

神学上の立場をこえて

ナチスへの抵抗のためにスイスに去ったバルトは、一九四五年の八月から九月にかけて、アメリカ軍のジープで敗戦直後のドイツを見てまわり、このおりにマールブルクでブルトマンに再会している。このとき、このふたりの巨人は戦争について、非神話化について、話は尽きることがなかったであろう。またバルトは、四七年八月にベルリンとドレスデンを旅行し、そこのキリスト者たちに講演し、彼らと討論している。そのおり、ドイツ福音主義教会常議員会議長から、ある牧師が提出した問いに対する意見を求められた。その問いは、ブルトマンの「空になっていた墓」の記事は「説話」であるという主張をどう判断すべきか、また彼の影響をどのようにして阻止すべきか、というものであった。これに対してバルトは答えた。「説話」という概念は、正しく理解されれば不当なものではない。むしろ自分が疑惑を抱くのは、非神話化に対してではなく、ブルトマンが新約聖書本文の解釈の基準として用いた実存論的な図式に対してなのである。さらに問題とすべきことは、この問いを提出するブルトマン自身が、この図式で考えているのではあるまいかということである。いずれにせよ、教会政治上の処分をブルトマンに対して行おうとするようなことはやめるべきである。ブルトマンに対してなすべきことは、よりよい神学で対決するということだけなのである。

このようにバルトは、戦争終結後も神学上の立場の相違をこえてブルトマンを尊敬し、友人でありつづけたのである。

ブルトマンの外国訪問

一九四七年、ブルトマンは八週間にわたってスウェーデン文化交流協会に招かれた。ここで彼は多くの人々と親密になり、いろいろと意見を交換することができた。戦争中さまたげられていた、著書をとおして外国の人々にも自分の考えを知ってもらう機会を、彼はよろこんだ。五一年に彼は、三〇年間教鞭をとったマールブルク大学を退職したが、それ以後も名誉教授として研究と思索に励み、そのエネルギーは尽きることがなかった。またこの年に、彼はイェール大学の招待で米国を訪問し、のちに『イエス＝キリストと神話論』として出版されることになる講演をした。さらに彼はさまざまの大学から招待され、米国の多くの学者たちと知り合いになった。この三ヵ月の米国訪問は、彼にとって重要な経験だった。また五五年には、エディンバラ大学からギフォード講演に招かれ、のちに『歴史と終末論』として出版されることになる講演をした。五九年にも彼は再び米国に招かれ、シラキュース大学で春の学期の講義をしている。

カール＝バルト

批判の書『ブルトマン論』

一九五〇年代のドイツの神学界は、ブルトマンの提起した非神話化の問題をめぐって議論が沸騰した。バルトは、五三年に主著『教会教義学』の第四巻「和解論」の第一分冊を発表したが、この前年に『ルドルフ＝ブルトマン――彼を理解するひとつの試み』という小論文を出版している。この中でバルトは、ブルトマンの非神話化、すなわち聖書の実存論的解釈ということに対して烈しい批判を加えている。これの要点を簡単に見てみよう。

バルトによれば、非神話化という言葉は美しくない貧弱な言葉であり、ブルトマンの本来の意図を理解させるのに適切な言葉ではない。ブルトマンにおいて新約聖書は、一回的かつ独自な出来事を内容とする使信であって、それのもつ意義は、あらゆる時代の人々におよぶものとなる。だからこの使信の生命に参与することによって、これを理解することができる。ここまでは理解できる。しかしこの生命への参与が、自己理解の行為として、はじめて正しく記されるということには賛成できない。つまりバルトは、新約聖書の理解が、実存的な自己理解の行為だというブルトマンの考えを批判するのである。バルトは、新約聖書の使信を聞き、理解するときの人間の姿勢を問う。つまり、人間に語りかけている神の側と、語りかけられた人間の実存の側との、どちらに重きがおかれているのか、と問うのである。

またバルトは、十字架とよみがえりは非神話化論の盲点である、と言う。ブルトマンにおいて大切なのは十字架の客観的な事実性よりも、十字架についての言葉の方である。そしてよみがえりも十字架の意義の顕現にすぎず、復活の日とされた日に起こった出来事にすぎなくなってしまう。ここにおいては、キリストの出来事が史的な事件としてはとらえられず、信じる者の実存において把握されるのみである。それは「キリスト」の出来事ではなく、キリストの「出来事」である。こうしてバルトには、ブルトマンは秩序の転倒をめざしているように見えるのである。

啓示の超越的絶対性を主張するバルトにとって、ブルトマンの態度は人間主義的であり、神学を人間学に変えてしまうことになるわけである。バルトにおいては、聖書が証ししていることは神の行為であり、神自身からの先行的なはたらきかけであり、神の啓示なのである。人間は啓示に聴従したときにのみ、神を知ることができるのである。

またバルトは、現代人にとって新約聖書を実存論的に解釈することが必要であるというブルトマンの主張にも疑問を抱く。すなわち現代人にとって、聖書の本文のある部分は理解しうるものであり、ある部分は理解しえないとする基準は何なのか。また時代の制約をもつ表現形式と本文の本質的な内容とを区別しうる誤りのない尺度というようなものがあるのか。さらに解釈する者が前もってこのような基準をもってから聖書の本文にあたるというやり方は妥当な態度なのであろうか。ブルトマンの「神話」という概念は、余りにも狭くて形式的な概念であり、このようなものではケーリュグマ、神、キリストの出来事というようなことについて正しく語ることはできない。キリストの出来事そのものについては沈黙しながら、ただ自分たちにとっての意義についてのみ語るというのなら、このように非神話化された実存論的な解釈には、キリスト仮現説的な傾向があるといわざるを得ない。現代人に福音を伝えるために、このような方法で新約聖書の使信を解釈する必要があるという考えにはバルトは賛成できないのである。

「前理解」と「自己理解」

またバルトは、ブルトマンの解釈学がある前提の上に立っていることを問題にする。ブルトマンの聖書の釈義の方法は、初期のハイデッガー哲学に土台をおいている。つまりブルトマンは、ハイデッガーの用いた表現に従い、ある「前理解」をもって新約聖書の本文に向かっている。聖書を理解するのに、なぜハイデッガーの実存哲学によらねばならないのか。しかも今や、ハイデッガー自身がこの前期の立場から「転向」してしまっているのである。

さらにバルトは、神話が一定の人間の自己理解だということにも疑問を向ける。歴史にあらわれてくる神話には、自己理解と同時にもっと豊かな面もあるのではなかろうか。さらに重要な神学的問いは、新約聖書の使信を、一貫して、独占的に、全体的に、人間の自己理解としてとらえるということが何を意味するのか、ということである。この使信が、イエス＝キリストについての使信として、神と人間との間に起こった出来事を内容としている以上、人間学的自己理解もそこに含まれていることは否定しない。しかし、実存論的解釈がなされるとき、この使信のもっとも大切なものよりも従属的なものに目が向けられてしまうのではなかろうか、とバルトは問うのである。

この小論の最後のところでバルトは、一、新約聖書の理解とは何か、二、そもそも理解とは何か、という二つの問いを発する。

第一の新約聖書の理解とは何かという問いにおいてバルトは、「前理解」というものを前提にした新約聖書の理解がありうるのかと問う。もし前もって「前理解」というものがおかれていたなら、人間に対して常に異質的なものとして語りかける神の言葉である聖書の本文を正しく理解することは可能であろうか。むしろ逆に、聖書の本文に対して心を開き、実践的、事実的に理解するという理解の可能性をバルトは求めるのである。本文を自己理解の枠で理解するのではなく、その本文において理解されているように自己自身を理解し、この自己理解において本文をさらによく理解しようとするのである。そしてそれに際して非神話化という安全なやり方でなく、あるていど神話的に考え、語るという危険をおかす必要もあるのではなかろうかと、バルトは言う。

このことから、理解とはそもそも何のことかという第二の問いがでてくる。つまり、第一の問いにおける聖書の解釈学は、あらゆる一般的な解釈学の基準となるべきではなかろうか、とバルトは問いかける。

最後にバルトは言う。一九二〇年代に自分たちがともになした神学上の戦いも、ここでいうような内在において閉鎖された「理解」から、超越へと開かれた「理解」への転向が主題であり、人間が人間に語りかける言葉を閉塞《へいそく》した状況から解放し、神が人間に語りかける言葉を解放することが目標だったはずである。それは、いわば聖書の理解をエジプトでの奴隷状態から解放するための戦いであったのに、今のブルトマンはバビロニア捕囚へと逃げ込み、以前の自由主義神学の道へと逆行しようとしているのではなかろうか。

このようにバルトは、ブルトマンに対して、新約聖書の使信を理解するに際しての、主体の姿勢を問題にしている。すなわち理解する主体が、どのような基本的な姿勢をとるとき、超越者が真の超越者として語りかけてくるのか、と問うのである。

「いつも念頭にあった」

バルトは、このブルトマンとの対決において確認した神学方法論に基づいて、翌年その主著『教会教義学』の第四巻、キリスト論をあつかった「和解論」を発表している。これは『教会教義学』、ひいてはバルト神学そのものの頂点ということができるのであるが、この序文において次のように言っている。

「今日の神学的状況のためにも、しかもまたこの書物の特別な主題のためにも、私は、ルードルフ＝ブルトマンと、烈しい、しかも大体において静かな対話を行わざるを得なかった。彼の名は、必ずしも度々現れては来ない。しかし彼のことは、いつも私の念頭にあった。私が彼の方法や彼の結論を眼の前に思い浮べながら、はっきり自覚して彼に触れずにいる時には、そうであった。私は、ブルトマンと、その考えと、その意欲と、その業績と、そのグループの熱心を、尊敬している。」（バルト『教会教義学』Ⅳ／1、井上良雄訳「和解論」Ⅰ／1、「和解論の対象と問題」）

このようにバルトは「和解論」の第一分冊を、ブルトマンの理論に対する回答として書いている。バルトは、多くの批判をもちつつも、ブルトマンを生涯尊敬し、常に彼を念頭におきつつその壮大な思想を形成していったのである。もしブルトマンとの対話がなかったとしたら、バルトの神学もあれほど豊かなものとなっていたであろうか。

ブルンナーとゴーガルテン

ブルンナーの批判

一九五三年に出版された『永遠』においてエーミル＝ブルンナー（一八八九〜一九六六）は、五二年のバルトによるブルトマン批判は、すこしも新しい見解を示すものではなく、むしろ問題に煙幕をはったにすぎない、と批判している。ブルンナー自身の見解によると、新約聖書の表象の非神話化のために要求される実存論的解釈は、今にはじまったものでなく、以前からキリスト教神学を困惑させてきた問題である。キリスト教的教説から神話的表象を取り除くことによって、神話的表現におおわれている本質的な意味を、もっと適切な表現に移すということは、非神話化という「嫌悪すべき」言い方においてではなかったが、これまでも常になされてきたのである。一方では聖書における不適切な表現形式に対する反感と、他方ではそこに意味されている事柄を適切に表現したいという意欲が葛藤することによって、このことはなされてきた。しかし聖書の記録を擁護しようとする人々は、哲学的に「純化された」表現が現実にそれと同一の事態を表現するものかどうか、むしろ事柄自体を「変質」してしまうのではないか、ということを問題にしてきたのである。事実、これまでの古い形の「非神話化」においては、時の中で行為される神についてのキリスト教的な福音が、無時間的神性の観念論哲学におきかえられてし

ブルンナー

まった。今日の非神話化の要求は、このような観念論的解釈を意識的にしりぞけようとしてはいる。しかしそれは別の方法、すなわちハイデッガーの実存哲学に依存しており、これによってなされる「解釈」というものは、結局はケーリュグマの意味するものの実体を変形させてしまう。

ブルンナーによれば、むしろ聖書は、象徴的な言葉を通しての解釈のヒントを与えているのである。神や神の行為に関する聖書の表現が象徴的な性格をもっているということを考慮して解釈すれば、聖書が真に語ろうとしていることに接近していくことができる。現代人は、新約聖書の黙示的・終末論的表象をそのまま受け入れることはできない。しかしあえてそのようなことをする聖書主義の方が、将来のすべての次元を信仰から取り除いてしまう「解釈」を要求する非神話化の神学よりは、自分にはまだ近い。永遠なる将来への希望を全然残しておかないようなやり方で、イエスや使徒たちの福音を「解釈」するようなことが許されるかどうかを自問する必要がある。福音から将来の次元をとり去ってしまうことは、「解釈」としてまじめな問題とはなりえない。イエス＝キリストの福音は、罪の赦しについてだけでなく、死の克服についての喜ばしい音信（おとずれ）である。前者だけを確保して後者を切りすてるような「解釈」は正しい解釈ではありえない。むしろそれは単なる「除去」にすぎないのである。

このように批判してからブルンナーは、ブルトマンが終末に関する新約聖書の表現について語っていることの問題点として四つのことを指摘する。

四つの問題点

(1)ブルトマンは終末に関する新約聖書の表現は、神話的なユダヤ教的黙示文学から由来しているか、グノーシス的救済神話に由来していると言う。この指摘は間違ってはいない。しかしここから、福音書の死や死後の命、歴史の目的としての将来や創造の目的としての完成などについての表現が神話的な時代おくれのものであり、福音書の本質的なものでないから取り除くべきであるということにはならない。むしろ、新約聖書の全体的な関連からして、この黙示的象徴の意味が真に証しされるべきである。

(2)それらは、われわれの現代的世界像には何の地位も占めていない、とブルトマンは言う。これに対してブルンナーは、そのように理解されている将来の希望は現代的世界像と矛盾するのか否かをまず研究すべきである、と言う。

(3)それらは、再臨と世界終末の到来の切迫の表象と結びついて無意味なものとなってしまっている。なぜなら歴史が経過することによって、この待望が幻想にすぎないことが明らかになってしまったからである、とブルトマンは言う。これに対してブルンナーは、切迫した待望というものが新約聖書の表現で本質的意味をになっていたかどうかは疑わしい、と批判する。

(4)新約聖書の将来についての表現は、神話的・黙示的性格においてではなく、非神話化されてこそ、今日の人間にとって実存的な意味をもつ、とブルトマンは言う。これに対してブルンナーは、将来として永遠なるものは、現在でありつつ同時に待望されるものとして理解されるべきである。それが終末論的な表現を正当に理解することであり、これが現代人に、決断によってあらわれてくる意味を与えるのである、と言う。

またブルンナーによれば、実存論的解釈は、いずれはその中にまだ残存している神話論的な残骸を取り除き、救済史については何も知ろうとしない哲学的実存主義に自分の身をゆだねるか、それとも実存論的な解釈が削除とは別のものでなければならないことを承認するかどうかを決めなければならない。ブルトマンのケーリュグマの実存論的解釈においては、将来という次元が削除されている。もしこの削除という点がいつまでも変わらなければ、それの行き着くところはキリスト信仰の解消である。なぜなら、このような形では、すでに極端な自由主義が要求している徹底的な「非ケーリュグマ化」を避けることはできないからである。

以上のような論点で、ブルンナーはブルトマンの非神話化を批判している。私はこのブルンナーの指摘が全面的に正しいとは思わないが、その判断は読者にまかせたい。

ゴーガルテンの擁護

また、この同じ一九五三年に、フリードリッヒ＝ゴーガルテン（一八八七～一九六七）は、ブルトマンを弁護する『非神話化論と教会』という小さい論文を出版している。ゴーガルテンは、フィヒテの宗教思想の研究から出発し、ドイツ観念論とトレルチの歴史主義を批判しつつ、歴史を「我と汝」の出会いの場としてとらえた神学者である。そして彼は、我が汝によってよびかけられるところに啓示が生起するとして、神学的人間学を提唱した。彼はナチスの時代に一時ドイツ－キリスト者に同調したことにより、バルトから激しく非難され、「訣別」をつきつけられた。彼の関心は常に歴史にあったが、第二次世界大戦以後は、ブルトマンの非神話化論の影響の下に新しい歴史観の体系化を試みようとした。また彼は、ブルトマンが初期のハイデッガーの影響を受けているのに対して、「転回」以降のハイデッガーから影響を受けている。

ゴーガルテンは、ブルトマンの実存論的な聖書解釈に全面的に賛成しており、『非神話化論と教会』において、ブルトマンの非神話化論こそ新約聖書が要求する正当な聖書解釈であることを強調している。この論文は、ドイツ統合福音ルーテル教会がブルトマンの非神話化を教会の信仰に対する破壊的な攻撃であるとして排斥したのに対抗して書かれたものである。

まずゴーガルテンは、ブルトマンの非神話化論がドイツで広い範囲にわたって深刻な衝撃を与えていることを認める。とくにこれは、保守的で伝統的な信仰の人々にとっては、驚くべき、そして許すことのできない異端と考えられた。こうしてドイツ統合福音教会の大会において宣言がなされた。すなわち、非神話化は教会の信仰と宣教の基礎と内容に対する壊滅的な攻撃である。そしてこの非神話化において、神の救いの働きが宣教から引き離され、放棄されてしまう危険がひそんでいる、と。これに対してゴーガルテンは、ブルトマンを弁護して言う。まず非神話化というのは消極的な名称であるが、それは啓示の神的事実を否定するものではない。それが意図しているものは、実は彼を非難している人々が守ろうとしているものと同じものなのである。非神話化という不幸な名称にもかかわらず、これの意図するところは、キリスト教信仰とその本来の本質を喚起することにある。非神話化の意図は、キリスト教信仰そのもの、聖書そのものが要求しているものである。非神話化は、キリスト教信仰における決断のつまずきを取り除くことによって、現代の人間に信仰を容易に受容させようとするようなものではない。ルターも、聖書に告知された事柄がそのまま真の信仰なのでなく、むしろ、聖書に示された「私にとって」という問題が大切なことを強調している。それは単なる歴史的な出来事への信仰ではなく、神の言葉そのものへの信仰なのである。だから信仰とは、このような神の言葉への聴従であり、信仰の妥当性は、それが聖書に証しされているか否かではなく、聖書に証しされている神の言葉にいかに聴従するかによって決定されるのである。

このような趣旨で、ゴーガルテンはブルトマンを擁護している。ボルンカムは、ブルトマンの神学の源泉が歴史的批判的探究と、バルトおよびゴーガルテンの弁証法神学にあることを指摘している。そしてブルトマン自身もこのことを全面的に承認しているのである。

Ⅳ　ブルトマンの業績

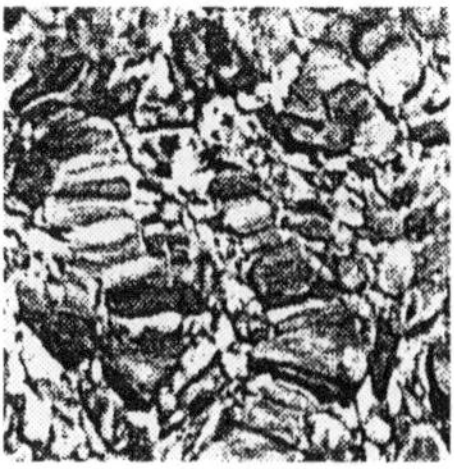

非神話化以外の著作・論文

これまで、われわれは一九四一年のブルトマンの非神話化の提唱と、それに対する人々の反応を概観した。読者にも非神話化についてのおおまかなところは理解されたことと思う。この問題以外のブルトマンの業績について、のこされた紙数のゆるす範囲内で触れておこう。

労作『原始キリスト教』　ブルトマンは六五歳のときに『古代諸宗教の圏内における原始キリスト教』を書いている。これは、共観福音書、ヨハネ福音書と研究を進めてきたブルトマンが、今度は聖書の周辺世界にまで視野を広げて、その中で原始キリスト教を位置づけようとした労作である。

これの序文においてブルトマンは言う。原始キリスト教の起源は、これをひとつの歴史的現象として見るならば、後期ユダヤ教にある。後期ユダヤ教自体が、旧約聖書に証しされているようなイスラエルの宗教の中から生まれたものである。原始キリスト教というのは複雑な現象であり、それは生長していくにしたがって、ヘレニズムの精神的諸力の影響を受けた。そしてヘレニズム自体が、ギリシア精神史の遺産を保持すると同時に、近東諸宗教の影響も受けたものなのである。原始キリスト教の独自性は、これが生まれそだった世界との関連において正しく認識される。原始キリスト教は、諸々の伝統を批判的に摂取し、世界の問題性と取り組んだ。原始キリスト教が、このような諸問題へのひとつの解答であることを望むなら、そのことはその時代の諸宗教や諸世界観と競い合うことを意味する。

ブルトマンは、このような考察は護教的な意図をもつものではなく、この書はこれらの諸宗教に対するキリスト教の優越性を示そうとするものでもない、と断っている。歴史家というものは、いかなる護教論も論じるべきでなく、またキリスト教の真理性を証明しようとすべきでもない。キリスト教の真理性を主張することは、すべての宗教や世界観と同様に個人的な決断の事柄であり、この決断への責任を歴史家は誰からも奪うことはできない。歴史家がなすべきことは、過去の歴史現象を人間の実存理解の可能性から解釈すること、そしてこの実存理解をなお現存する実存理解の可能性として意識させることである。つまり過去の歴史を生気躍動させ、読む者にこれが自分自身の事柄であると意識させるのである。このような意図をもって、ブルトマンはこの書を書いている。だからこれの課題は解釈の課題であり、問題は、原始キリスト教においてどこまで人間の実存理解の新しい可能性が現れたと言えるのか、ということにあるのである。

この書は、第一章「旧約聖書の遺産」、第二章「ユダヤ教」、第三章「ギリシアの遺産」、第四章「ヘレニズム」、第五章「原始キリスト教」に分かれており、それぞれ非常に深い示唆にとむ研究がなされている。この『原始キリスト教』の出版は、『新約聖書神学』第一巻の出版の翌年になさ

ディルタイ

れた。ブルトマンは、『新約聖書神学』第一巻において、イエスの告知、原始教団およびヘレニズム教団のケーリュグマについて明らかにしたあと、さらにこの書において古代の諸宗教との対比においてキリスト教を見ているわけである。つまり、ここで彼はその学問上の守備範囲をいっそう広げ、新約聖書の周辺世界にまでその射程に入れて、実存論的な思索をさらに深めているのである。

解釈学とは

ブルトマンの神学での大きな業績のひとつは、解釈学への功績である。ブルトマンは、一九五〇年に「解釈学の問題」と題する論文を発表している。この中でまずブルトマンは、ディルタイ（一八三三〜一九一一）が解釈学について述べていることをとり上げる。ディルタイによれば解釈学とは、文書的に固定された生の表出を理解する技術を教えるものである。それは大きな歴史的な運動のもとでひたすらに注意をしつづけていることのうちに成立する。すなわち、歴史の動きによって単独の歴史的な現存在を理解することが、学問の課題となる。ディルタイによれば解釈学は、単独の人間の現存在を大きな型に分けることができるか、そしていかなる手段によってこの認識に達しうるのかと問う。それは、個人の理解を普遍妥当性へと高めることができるかという問いである。すなわち、いかにして個人は、自分に感性的に与えられている個人的な生の表現を、普遍性のある客観的な理解とすることができるのか、ということである。すなわち、歴史的な現象が単独の人間の現存在を確認することであるかぎり、結局、歴史的現象一般を理解しうるか否か、ということである。その場合、解釈学は歴史一般を理解する学問といえる。

しかし真の理解は、解釈学的な規則に従うだけで得られるものではなく、心理的な解釈がなされなければならない。作品は、ある特定の人間の生の契機として理解されなければならないのである。ブルトマンによれば、ディルタイがテキストに問う事柄は、「生」である。すなわち、テキストのなかで「永続的に固定された生の表現」として形を獲得した歴史的・人格的な生なのである。問題提起は、問う者の生のうちに根拠づけられている関心から生ずるものであり、この関心が、解釈されるべきテキストの中にあって、テキストと解釈者の間の交わりをつくりだしているということが、解釈の前提である。解釈者がテキストにおいて語られている事柄に対して関心を抱いていることが、理解の前提をなすのである。

解釈と理解

ブルトマンによれば解釈は、テキストの中で語られている事柄に対する生の関係を常に前提している。つまりわれわれは、音楽への関係をもっている時にのみ音楽を扱っているテキストを理解し、数学への関係をもっている時にのみ数学のテキストを理解するのである。だからわれわれにとって歴史的な生が親しいものであるかぎり、つまり国家における生の可能性が何であるかを自己の生活から知っているかぎりでのみ、われわれは歴史の叙述を理解するのである。

また哲学書を解釈するとき、解釈しようとする者は自分が真理への問いによって動かされていなければならない。つまり、著者との討論においてのみ、解釈がなされるのである。プラトンとともに哲学する者のみが、プラトンを理解するのである。もしテキストを哲学史の各段階に関する資料としてのみ扱い、この哲学史を現在性へと高める代わりに単なる過去の出来事として理解するならば、解釈は真の理解を逸脱してしまう。哲学史の記述は、哲学の歴史の中で存在理解と自己理解の問題性とが明らかになることによって、哲学の歴史の理解が哲学そのものの理解となるという仕方でなされねばならないのである。

以上のようにブルトマンは、おもにディルタイの言葉を引用しつつ、解釈学というものについて論じてから要約して言う。解釈の前提となっているものは、テキストの中に語られている事柄に対して、また問いの根拠を導く事柄に対して、以前からもっている生の関係である。解釈する者とテキストを結び合わせるような生の関係がなければ、問うことも理解することも不可能である。だから、すべての解釈は、問題とされている事柄についての前理解によって、必然的に支えられているのである。

またブルトマンによれば、問題提起の種類、すなわち問いの根拠は、事柄への関心から生ずる。問いの根拠はテキストの志向と同一であり得るが、そのときテキストは問われた事柄を直接に伝達する。また解釈は、生の領域としての歴史への関心によって与えられることもありうる。人間の現存在は歴史の中で生き、そして自己のさまざまの可能性を得るのである。また、人間の現存在はそのような生の領域としての歴史を考察することによって自己自身を、すなわち自己の可能性を獲得していくのである。そして、前理解やこれによって導かれた問いなくしては、テキストは何も語らない。前理解を除去することではなく、前理解を意識へと高めることが大切である。前理解を、テキストを理解するにあたって批判的に吟味すべきである。つまり、テキストに問うとき、自己自身をテキストに問わせしめ、テキストの主張に耳を傾けることが大切なのである。

聖書の解釈

以上のように解釈学について論じたのち、ブルトマンは聖書の解釈について述べる。聖書といえどもそれの解釈においては、これ以外のものと別の条件があるわけではない。聖書解釈においても、文法的解釈、形式上の分析、それぞれの時代史的条件に基づく説明、というような解釈学的な規則が適用される。ここにおいても理解の前提をなすものは、テキストと解釈者の結びつきである。そしてこの結びつきは、解釈者自身がテキストが伝える事柄と前もってかかわっていることによってつくりだされるのである。しかしこのような主張に対して、聖書、とくに新約聖書が語っている事柄は、いかなる前理解も存在し得ない神の行為である、との反論が予想される。つまり人間は、神に対してあらかじめ関係しているようなことはまったくなく、神からの啓示によってのみ、神の行為によって神の側からはたらきかけられることによってのみ、神について知ることができるというわけである。

このような反論は、ブルトマンによれば正しくない。なぜなら人間は、出来事のうちで現実性となるような神の行為については、前理解をもつことができないからである。これと同様に、神の行為としての出来事の報告を理解するためにも、神の行為とは何を意味するのかという前理解が前提されている。だから、神の啓示を受ける以前には神がいかなるものであり、神の行為とは何を意味するのかを人間は知りえないとの主張に対して、ブルトマンは、神がどのような者であるのかを人間は、神を問うことのうちに確実に知ることができるのである、と答える。自己の実存が神への問いによって動かされていなかったなら、人間はいかなる啓示を受けても、神を神として認めないだろう。人間の現存在のうちで、神についての実存的な知識は、幸福、救い、世界や歴史の意味への問いとして、自己の存在の固有性への問いのうちに、生き生きとしているのである。

さらにブルトマンは、学問的な釈義において、問いを事柄に則して解釈することの重要性を強調する。また、人間の実存を実情に則して解釈することも重要である。そのような解釈をすることは人間の思慮の事柄であり、具体的には、人間存在を哲学的、実存論的に分析することである。そして聖書を学問的に解釈するとき、その根拠は、聖書の中にあらわされている、人間の実存の理解を問うことのうちに見出される。だから聖書を学問的に解釈するには、そこで人間の実存について語られ得るような適切な概念が求められなければならないのである。

このような概念は、聖書の中で語られている事柄に対して釈義する者の生がいかにかかわっているかということに基礎をもっており、また事柄の前理解を含んでいる。もし、新約聖書の言葉が神の言葉として理解されるべきであるなら、このような前理解やそこから生じてくる概念とかかわりなく新約聖書の言葉を理解しようとすることは誤りである。もし聖書を、現代に対して語りかけるものとしようとするなら、解釈する者はそれぞれの概念を批判的に考察しなければならない。もし、解釈の根拠が神の啓示への問いとしてあらわされるならば、そのことは、その根拠が人間の実存の真理への問いであることを意味している。

ブルトマンは、自分の実存論的考察は、さまざまな出会いのうちでのみ実存しているような人間の現実の実存を把握し、理解しようとしている、と言う。そして彼が神話を実存論的に解釈する意図は、神話的世界像にいかなる正当な意味があるのかを問うことにある。解釈の問題は、すなわち理解の問題なのである。

このブルトマンが六六歳のときに書いた論文は、彼の神学の方法を知るうえで重要な論文である。彼は、ここにおいて解釈学の方法について明らかにし、聖書の解釈もそれ自体がひとつの解釈学的な方法として、人間実存の理解とのかかわりにおいてなされねばならないとしている。聖書を解釈する者は、これを単なる過去の歴史のひとつの史料としてでなく、自己の実存に対して語りかけているものとして受けとるべきなのである。すなわち、解釈の目ざすところは神への問いである。この論文においてブルトマンは、非神話化論が意図している実存論的解釈を、方法論的に示そうとしているのである。

新約学の集大成『新約聖書神学』　ブルトマンは、一九四八年から五三年にかけて、彼の新約学の集大成である『新約聖書神学』三巻を発表している。第三巻の末尾に彼は付論として「方法論と学説史」を書いており、そこで自分が新約聖書神学という学問をいかなるものと見ているのかを明らかにしているので、まずこれを見ておこう。ブルトマンによれば新約学は、新約聖書の諸文書の神学思想を叙述することを課題とするが、それは明瞭に展開する思想のみでなく、物語や勧告、論争や慰めの言葉などに暗に含まれている思想もあつかう。そのさい二つの方法が考えられる。すなわち、新約聖書の諸文書の神学的思想を組織的に配列された統一体として叙述する方法と、もうひとつは個々の文書あるいは文書群ごとにその差異性において叙述する方法である。後者の場合、個々の形態はひとつの歴史的連関の一部として理解されるのであり、ブルトマンは、自己の方法として後者をとる、と言う。

すなわちそのことは、キリスト教の規範的な教義学というようなものは存在しないということである。神や世界や人間に関して信仰的理解を展開していくという神学的課題にとって許されるのは、そのおりおりの歴史的状況においてくり返しなされる解決の試みのみである。すべての時代をつらぬく神学の連続性は、以前に形づくられた命題を固守することにでなく、信仰が常に新しい歴史的状況を信仰の根源から理解しつつ克服していくその絶えざる活動性にある。大切なことは、神学的思想が信仰の思想として、すなわち神と世界と人間についての信仰的理解がそこで展開されている思想として明らかにされることである。だからそれは自由な思弁の産物ではなく、また神と世界と人間に関しての客観的思考による学問的克服の産物でもないのである。

信仰はケーリュグマへの応答

新約聖書の神学的思想は、ブルトマンによれば信仰それ自身の展開である。それは信仰において与えられる世界と人間についての新しい理解、あるいは新しい自己理解から生まれる展開である。私が私自身であるのは、孤立した客観化可能なひとつの世界現象としてではなく、神と世界から切り離されることのできない私の実存においてなのである。

新約聖書において信仰は、人間的現存在から勝手に生まれてくる自己理解としてではなく、神から授けられた、神の行為によって開示された自己理解として理解されている。信仰は、イエス＝キリストについての告知において人間に出会う神の言葉への応答であり、ナザレのイエスにおける神の行為について語るケーリュグマへの信仰なのである。新約聖書神学というものが、信仰を神学的記述の根源として叙述しようとすることであるならば、それはケーリュグマおよびケーリュグマによって開示された自己理解を叙述するものでなければならない。その自己理解において信仰は自己を示すのである。新約聖書神学の叙述は、神学的思想をケーリュグマによってよびさまされた自己理解の解明として解釈しなければならない。

ブルトマンによれば、信仰はケーリュグマへの応答である。ケーリュグマは、問いかけ、約束し、審き、恵みを与える神の言葉である。そのような言葉としてケーリュグマは、批判的な思惟に対しては自己を示すことなく、具体的な実存に対して語りかける。このケーリュグマの命題は、普遍的な真理というようなものではなく、具体的な状況における語りかけである。だからケーリュグマの命題は、ケーリュグマを自分の状況における語りかけの言葉として、問いかけとして、要求として理解する者にのみ理解される。

すなわちケーリュグマは、ケーリュグマによってよびさまされた自己理解が、人間の自己理解のひとつの可能性として理解され決断への招きとなるときにのみ、ケーリュグマとして理解されるのである。研究者は、自分の信仰を認識の手段として前提することはできない。研究者がもつべきものは、自由と開放性と出会いへの姿勢である。

歴史の再構成と新約聖書の解釈

ブルトマンは、この書における新約聖書神学の叙述にあたって、史的、批判的、宗教史的研究の伝統に立ったが、同時にそれの欠点、すなわち思惟の活動と生の活動の分裂と、そこから生じてくる神学的記述の意義を無視しないように努力した、と言う。新約聖書は歴史のひとつの記録、宗教史のひとつの記録なのだから、それの解明のためには史的研究という作業が必要である。その作業は「再構成」と「解釈」という二つの関心によって導かれる。すなわち、一方は過去の歴史の再構成であり、他方は新約聖書の諸文書の解釈である。両者は互いに作用し合うものであるが、問題はどちらがどちらの役に立っているかということである。一方では新約聖書の諸文書は「史料」として問題にされ、学者はこれを解釈し、そこから過去のひとつの現象としての原始キリスト教の姿を再構成しようとする。しかしブルトマンは、この再構成が、新約聖書の諸文書が現在に対してなお語るべき何ものかをもっているという前提のもとに、その諸文書の解釈に役立てるというもう一方の道をとる。

それゆえ、新約聖書の神学思想を「生の活動」との関連において、すなわち信仰的自己理解の解明として解釈することが必要である、とブルトマンは言う。なぜなら、新約聖書の神学思想が現代的意義を要求し得るのは、それが理論的教説とか無時間的・普遍的真理をもっているからではなく、それが実存のひとつの理解を表現しており、現代の人間にひとつの自己理解の可能性を示すからである。この信仰的自己理解を、そのケーリュグマとの関係において明らかにするのが新約聖書神学を叙述することの課題である。それは、直接にはパウロとヨハネの神学の分析において、間接には古教会への発展の批判的叙述において行われるのである。

『新約聖書神学』の構成

このような観点に立って、ブルトマンは、この『新約聖書神学』を執筆しているわけである。第一巻「新約聖書神学の前提と動機」は三部に分かれており、第一部「イエスの告知」においては、イエスの告知は終末論的な特徴をもったものであること、また彼の神観や神の国の理念の性格について語られている。第二部「原始キリスト教のケーリュグマ」では、原始教団がイエスの告知をどのように受け入れどのように発展していったのかについて述べられている。第三部「ヘレニズム教団のケーリュグマ」では、ヘレニズム教団がケーリュグマをどのように受け入れたのか、またこれがユダヤ教といかなるかかわりをもったのか、さらに旧約聖書をこれがどのようにあつかったのかについて述べている。そしてサクラメントの問題、さらにはグノーシスとのかかわりなどについても言及されている。

第二巻は「パウロとヨハネの神学」である。これの第一部「パウロの神学」では、まずパウロが信仰以前の人間の特徴とする、からだ、魂、霊、命、肉、罪、死、世界、法律などについて述べられる。次に信仰の下にある人間のものとして、神の義、和解、恵み、信仰、自由というパウロの思想が明らかにされる。第二部「ヨハネ福音書およびヨハネ書簡の神学」では、まずヨハネの二元論が明らかにされる。次に世の裁きとしての御子の派遣、言葉が肉体となったことのつまずき、栄光の啓示、言葉としての啓示について述べられる。最後に、言葉に聞き従うこととしての信仰および終末論的実存としての信仰について論じられる。

第三巻は「古教会への発展」である。第一部「教会秩序の成立と最初の発展」では、終末論的教団における教会の秩序について、また教会の職制、教会の自己理解の変化がどのようなものであったのかが論じられる。第二部「教理の発展」では、新約聖書正典が成立したこと、そして神、天使、悪魔、キリスト論と救済論などの教理が発展していったことが、新約聖書だけでなく、第一・第二クレメンス、ポリカルポス、イグナチオスなどともかかわらせて論じられている。第三部「キリスト者の生き方の問題」においては、教団における罪や恵みについての理解、訓戒の諸形態、聖化と愛の戒め、聖性と完全主義、市民的道徳、規律などがどのようなものでり、それらがパウロやヨハネの思想からどのように変化していったものであるのかが明らかにされるのである。

この書は、ブルトマンがその実存論的解釈によって、新約諸文書を体系的に解釈したものである。この六九歳の年に完成させた労作において、われわれは、彼の学問への尽きることのない情熱にあらためて感動させられるとともに、その緻密《ちみつ》な研究から多くのことを学ぶことができるのである。

ブルトマンの歴史観――「歴史と終末論」

連続講演「歴史と終末論」　ブルトマンは、一九五五年の二月から三月にかけて英国エディンバラで「歴史と終末論」という題で連続講演をしている。これは七〇歳のブルトマンが自己の歴史観について語っている重要なものなので、順をおって見ていきたい。

まずブルトマンは、歴史は現代の最大の問題であると言われるが、それは人間が歴史の流れに翻《ほん》弄《ろう》されていることが自覚されるようになってきたからである、と言う。とくに現代において、人間は自己の依存性と無力さを自覚させられている。このことは技術の分野において顕著であり、技術が達成したものがそれを生みだした人類をおびやかしはじめている。人々の生活をより良いものにするために計画されたことが、逆に人類を害したり絶滅させるような恐怖を与えているのである。

このようなブルトマンの言葉を聞くと、二一世紀を目前にしている現在、兵器の開発だけでなく、人類の福祉と進歩のためにと、研究され開発されてきた結果によって、逆に公害や地球環境の破壊などでおびやかされているわれわれは、彼がこのことを今から三〇年も前に指摘していたことに驚かざるを得ない。

キリスト以前の時代の歴史理解

ブルトマンは、世界の民族のもっとも古い説話は歴史ではなく神話であり、その主題は神統記や宇宙発生論であることを指摘する。神話とは実際は自然について語っているものであって、自然の現象が神々として神格化されたのである。神話は、先史時代の民族に発するが、今日でも真の歴史をもたない原始的な種族のうちには生きつづけている。歴史叙述というものは、ある民族がその歴史を通して国民となるときにはじめて現れるものである。それは、歴史を経験することにおいて歴史意識が生じてくるからである。そして本来の意味における歴史物語は、民族の群れをひとつの国家に形成するような歴史の過程が経験されるときに現れるのである。

ギリシアでは歴史叙述が、自然と歴史を理解しようとする試みから生じた原理によって支配される学問のひとつとなった。そこでは、歴史的関心と地理的関心とが結合していることが特徴だった。ここでブルトマンは、ヘロドトス、トゥキュディデス、ポリュビオス、リヴィウス、タキトゥスなどの歴史観について述べるが、要するに彼らの歴史叙述の使命は自然科学の使命との類比において理解されていた、と言う。これの特徴は、歴史が未来に対する人間の責任の領域として見られていないことである。また、歴史の経過が個々の人間の行為や経験によって特徴づけられる経過としては見られておらず、進化という理念も見られない。人間は、歴史性においては理解されていないのである。

ブルトマンは、古代イスラエルにおける歴史叙述の性格はこれとはまったく異なったものであることを指摘する。イスラエルにおいては、歴史の中心は政治の中にではなく、人々の実際の経験や行為の中に見られている。国家はギリシア的な意味において考えられてはおらず、むしろ隣人たちの共同体と考えられている。そして人々の経験は神の祝福または罰として理解され、人々の行為が神の命令に対する服従または不服従として理解されている。だからイスラエルの歴史叙述はギリシア的な意味における科学ではなく、創造者として歴史を目標にまで導く神の計画に興味をもっている。かくして全体としての歴史が、それぞれの重要性をもつ時代の中に明瞭に現れていると理解される。歴史家は、それまでの神の行為と人々のふるまいとを思い起こさせ、それによって人々を自己認識へと向かわしめる。またこれは、繁栄あるいは滅亡、祝福あるいは懲《こ》らしめをもたらすべき未来に直面して責任をとらせるよびかけである。だから歴史叙述は人々に対する説教であり、過去をふり返ることによって現在に警告を与えるのである。旧約では歴史が統一したものとして理解されたが、この統一は神による民の導きあるいは教育によって構成されている、とブルトマンは言う。

終末論の立場から

ブルトマンによれば、旧約には世界の終わりとそれにつづく救いの時に関する教説という意味での終末論はない。このような二元論的な概念は、創造者としての神という旧約の観念と矛盾するものである。旧約の予言には救いと滅亡の予言が含まれているが、それらはイスラエルとその敵にかかわるものにすぎない。また神の審きも、全世界の審きではなく、歴史の内部における審きにすぎない。

イエスが宣べ伝えた神の支配は終末論的な性格のものである。しかしイエスが、神の支配がさし迫ったものであり、彼が悪鬼を追い払ったときにそれが来たりはじめていると考えていたのか、それとも自分の人格のうちにすでに現存していると考えていたのかは明らかでない。しかし彼が自分の時を決断の時と考え、自分と自分の使信に対する人々の態度を彼ら自身にとって決定的なものと考えていたことはたしかである。古い約束と希望が成就する時が来たのであるから、今は嘆いたり断食したりする時ではなく婚礼のごとき喜びの時なのである。

ブルトマンによれば、イエスは歴史的な救い主についてではなくて、審判の座につくべき天上の救い主について語った。イエスにおいて、すべての審きは最後の審判に集中されており、ここですべての人は自分のなしたことの責任を負わされるのである。イエスは来たるべき救いが生命であることや、死者がよみがえってこの生命に入るということは述べているが、この生命は地上的なものではなく天使の生命のようなものである。このように来たるべき世界の終末についての使信は新約をつらぬいており、終末がまじかに迫っているという確信はしばらくの間もちつづけられた。

キリスト教団はユダヤ人から旧約を受けとり、自分たちを選ばれた民として理解した。アブラハムは信者たちの父とされた。キリスト教団は、自己を救済史の目標であり完成であると理解し、いま目標に到達しているイスラエルの歴史をふり返るのである。教団とイスラエルの歴史との結合は、「新しい契約」という観念の中に明確に表されている。エレミヤは終わりの時の新しい契約を予言したが、今や贖いの犠牲としてのキリストの死によってそれが実現されたのである。

終末論の問題は、期待された世界の終末が到来せず、終末論的な共同体が歴史的な現象となったことを認めざるをえず、またキリスト教信仰が新しい宗教の形をとるに至ったことから生じてきたのである。このことをブルトマンは、⑴ルカ福音書と使徒行伝の著者の叙述、⑵伝承がキリスト教団において獲得した重要性、という二つの事実によって明らかにしていく。

終末論の問題

⑴マルコやマタイは説教者として福音書を書いたが、ルカは歴史家としてキリストの生涯を描こうとしたことをブルトマンは指摘する。だからルカ福音書は、マルコよりも出来事に連関性を与え、さらにイエスの誕生や洗礼者ヨハネの出現の年代を定め、世界史と年代記的に連関させようとしている。またルカは使徒行伝において、原始キリスト教団の歴史やパウロの伝道旅行について記している。原始キリスト教は終末論的な意識をもっていたので、このようなことには関心をもたなかったのである。しかし、イエスに直接出会った人々が死んでいくにつれて、「伝承」が重要なものとなっていった。教会の職制の発達は、伝承の安全性を確保するためのものだったのである。

⑵次にブルトマンは、世界史的な現象となった教会が、キリストの再臨が実現しなかったという事実から、終末論に関していかなる立場をとったかを明らかにする。終末論の新しい理解は、最初にパウロにおいて現れ、ヨハネにおいて根本的に展開されたのである。パウロの歴史理解は終末論によって決定されているので、彼にとってイスラエルの歴史は罪によって統一されている。アダムによって罪がこの世に来たり、モーセの律法によって十分な展開をみた。しかしパウロがふり返る

歴史は、イスラエルのみでなく人類全体の歴史である。ユダヤ人も異邦人もともに罪人であり、神の怒りの下にある。歴史の終局は歴史的発展の自然的な結果ではなく、神によってなされる歴史の中断なのである。しかし神の相の下では、この終局は歴史の目標である。なぜなら、パウロによれば終わりがもたらされるのは神の恩寵によるのであり、罪が増すところにこそ恩寵もまたはたらくからである。歴史の意味は神によって与えられる。罪の歴史が神の意志によって、神の恩寵への準備という逆説的な意味をもつのである。

パウロにおいては過去の歴史が人類全体の歴史、すなわち罪の歴史である。このような歴史観は、旧約の中に記されているイスラエルの歴史に発するものではなく、むしろ黙示文学的な歴史観である。過去は悪魔によって支配される「古き世」であり、キリストの再臨と死人のよみがえり、最後の審判と神の統治に至るまでの短いあいだ続くものにすぎない。そしてキリスト者の生の真の歴史性は、この生が「もはやない」と「未だない」との中間にあることからも明らかになる。キリストに捕らえられたパウロは、さらにキリストを捕らえようとして追い求めているのであるから、キリスト者の生はつねに動的なものなのである。

次にブルトマンは、現在生起しつつあるものとしての終末論的な出来事という概念を、ヨハネは一層根本的に展開している、と言う。ヨハネは、パウロに残存している未来の宇宙的出来事への期待を放棄しており、死人のよみがえりと最後の審判はキリストの来臨のうちに現存しているとする。ヨハネも現在の生が未来に完成することを待ち望んではいるが、それはパウロのような宇宙的な破局という終末論の意味ではなく、個々の信仰者の地上での生ののちの未来に期待されるものである。イエスは、自分が再び来て天上の住まいに弟子たちを迎えることを約束し、また自分が天にあげられたのち弟子たちが栄光のうちに自分とともにいることができるように父に求めるのである。

さらにブルトマンは、パウロにとってもヨハネによっても、今の時が中間の時であることを指摘する。パウロにおいて現在は、キリストの復活と再臨との間の時である。ヨハネにおいてそれは、イエスの十字架の死と個々の信仰者の地上的な生の終わりとの間の時である。そして両者において、この中間は単に時間的な意味のみでなく、「もはやない」と「未だない」との中間としてのキリスト者の実存を特徴づける弁証法的、本質的な意味における「中間」なのである。

歴史への関心

次にブルトマンは、キリスト教会、および観念論と唯物論による終末論の世俗化と、進歩への信仰について述べる。ブルトマンによれば、キリストの再臨がいつまでも到来せず、世界の終わりが遠くにおしやられるにつれて、また教会の歴史が永くなるにつれて、歴史に対する関心は高められていった。そして教会は使徒たちによって基礎をおかれたと主張するようになり、司教たちは自分たちが使徒の後継者であると主張した。そしてこの主張を正当化するために、使徒にまでさかのぼる司教の名簿が編纂された。また、教会の優越性を迫害や殉教の記述によって証明しようとした。エウセビオス（二六三～三三九）は『年代記』において、教会を世界史の枠内におき、アブラハムをもって歴史をはじめている。彼は文献にしたがって研究をしたのであり、ここにおいてはじめて厳密な意味における世界史が現れた、とブルトマンは言う。新しいキリスト教的年表においては、キリストの誕生が歴史の中心であり、ここから時間が前と後に数えられていく。これが黙示文学的な見方と違うのは、キリストを境とする歴史の二つの部分が、もはやサタンの支配する悪の時代と救いの時代というふうに分けることができないことである。なぜなら、旧約聖書に記されているイスラエルの歴史は前半分に属してしまうし、後半においても教会が迫害や異端などによって苦しめられているからである。

今やキリスト以前の時は、キリストと教会が出現するための準備の時であったと理解された。こうして、歴史のすべての歩みが意味をもつようになった。歴史における神の計画という理念は、旧約や黙示文学やパウロに由来する。しかし旧約では、それぞれの出来事は神の祝福やこらしめを表すために意味をもつが、歴史の進行は統一したものとしては語られていない。

アウグスティヌス以後の歴史観

次にブルトマンは、アウグスティヌスの歴史観について述べる。アウグスティヌスは、時間は神によって創られたものであり、始めと終わりをもっている、と主張した。キリスト教的な人間理解がこの考えの前提となっているが、アウグスティヌスはこれをパウロから受けつぎ、古代の考え方に反対してこれを展開した。古代の思想においては人間は宇宙の一部であるが、アウグスティヌスにとっては人間は世界から区別されるものである。ここにおいて人間の魂、人間の自我が新しい意味をもったのであり、このアウグスティヌスにおいて、真の自叙伝が現れた、とブルトマンは言う。アウグスティヌスの『告白』は神の前における告白であり、世界から区別された存在として彼は一個の個人であり、自由な人間である。ここに古代人の知らなかった自由意志の問題が現れたのである。人間は善と悪とに対して決断する自由をもつのであり、そこにおいて彼は自分自身の歴史をもつのである。

アウグスティヌス

新しく現れた歴史の概念は、このような人間理解によって決定された。キリストの出現という決定的な出来事が起こったのである。その後の人々の問題は、キリスト教信仰を受けいれるか否かという問題である。歴史はアダムの堕罪からはじまり、弟を殺し、地上の帝国を建設したカインの時以来、歴史は「地上の国」と「神の国」との間の、不信仰と信仰との間の闘争であり、これは世の終わりにおける完成まで続くのである。アウグスティヌスは「神の国」を目に見える教会と同じものとは考えず、むしろ人間が生まれ変わることによってそれに属するものとして考えた。だから「地上の国」と「神の国」の闘争は、個々人の内でなされる。歴史は信者にとって従順をためされる舞台なのである。そして「神の国」の歴史が世界史の内部で演じられているので、歴史は決断の場としての意味をもつようになったことをブルトマンは指摘する。

中世の歴史叙述は技術的な方法においては、後期ギリシアとローマの歴史家たちを真似ている、とブルトマンは言う。中世の歴史叙述は普遍的な世界史の様相をもち、歴史の内に神の計画を見出すことにより歴史の意味を知りうると信じていた。歴史の意味は、歴史に内在するものではなく、人間の意欲と行為とを用いる神の配慮によって歴史に課せられるものと考えられた。だから、世界の歴史は救済の歴史でもあるわけである。また中世の歴史叙述は、終末論的な目標の概念をもっていた。そして中世の歴史観は、世俗化の可能性ももっていた。この世俗化は、批判的歴史研究の時期のあとに歴史の意味についての問いにめざめ、事実を解釈することに関心が抱かれる時に生じてくるのである。

ルネサンスの歴史叙述は、古代人にならって歴史の世俗的理解をとり入れたもので、間接的に世俗化の過程を推進したにすぎないものである。歴史を前進させるものは神ではなくて人間であり、歴史の終末論的な終結の思想はすて去られた。ここでは歴史の本質についての新しい理解は現れなかった、とブルトマンは言う。

一八世紀の歴史観

ブルトマンによると、一八世紀は啓蒙の時代であるが、啓蒙の一般的な性格は、人間の生活と思考全体の世俗化である。歴史の進行は、中世の暗黒時代から啓蒙された思考への進歩として、迷信としての宗教から科学への進歩として理解された。このような見方においては、真の歴史は科学的な思唯においてはじまるのであり、歴史への関心は前科学的な時代には向けられない。科学の時代が学識と文明の時代とされるかぎり、歴史的発展の思想は、そこに抱かれていたと言うべきである。ユートピア的な完成の状態、理性の支配の下での普遍的な啓蒙の状態に導くべき進歩が存するのであり、そこでは終末論的な完成の思想も、世俗化された形で保存されている。

カントの批判哲学においては、キリスト教信仰の真理とその歴史観が哲学的真理として解釈されることにより世俗化される、とブルトマンは言う。カントは目的論的過程としての世界史の観念を保持しており、歴史はひとつの計画に向かうものとして理解されねばならないとしている。その目標は、理性的、道徳的なものとしての人間存在の実現であり、それは個人および人類において実現される。歴史は自由のための人類の教育として必要なものであり、歴史とは理性的宗教、道徳的信仰に向かっての進歩である。キリスト教の全歴史は啓示の宗教から理性の宗教への進行であり、それによって神の国が地上の倫理的国家として実現されるものと考えられた。それの目標は、地上における倫理的社会としての神の国なのである。そしてカントは、歴史がアダムの堕罪からはじまり、善と悪との闘いのうちにあるというキリスト教の観念を世俗化された形で受けついでいた。要するにカントの歴史観は、歴史のキリスト教的目的論とその終末論との道徳主義的世俗化である、とブルトマンは言う。

ヘーゲルの歴史観

ブルトマンによれば、フィヒテとシェリングは歴史観の継続と修正をこころみ、歴史の経過を論理的、必然的な経過として、あるいは絶対者の自己実現として理解しようとしたが、これはヘーゲル（一七七〇～一八三一）によって完全な形で展開され

ヘーゲル（上）とマルクス

た。キリスト教信仰の世俗化は、ヘーゲルによって意識的に、一貫して遂行されたのである。ヘーゲルにおいては、救いの歴史が世界史の平面に投射されたのであり、このような仕方でキリスト教信仰の真理がはっきりと正当化されると考えられた。彼は世界史の統一というキリスト教的概念は保持したが、摂理という概念は哲学的思唯には不適当であるとしてすて去った。歴史に統一を与える神の計画は「絶対精神」として理解され、この「絶対精神」は統一を求める定立と反定立との対立を通じて、歴史の内に自己を実現するのである。

ヘーゲルにおいては、歴史の目標は終末論的な未来にあるのではなく、絶対精神が哲学的思唯によって自己自身に到達するところの「歴史の過程そのもの」なのである。終末論的な完成はキリスト教によって実現される、と言うこともできる。なぜなら絶対精神は歴史の外にある静的なものでなくて、それ自身が歴史的発展の中にあるからである。だからヘーゲルは、世俗化された形態におけるキリスト教を絶対的宗教として承認できるのである。キリストとともに時が満ちたのであり、キリスト教の時期は、人間がいっさいの外的な権威から自由になり絶対精神に対する自分自身の関係を獲得した決定的な時期なのである。

マルクスの歴史観

ヘーゲル的な歴史の弁証法を、マルクスは弁証法的唯物論に変えた。マルクスは、定立と反定立という対立による歴史的進行という観念をヘーゲルから受けとっている。しかしマルクスにおいては、歴史を推進する力は「精神」ではなくて、「経済生活」に内在するものであり、いっさいの歴史的現象は経済的・社会的条件から由来する。歴史の運動は経済階級の対立から生じ、対立する集団間の闘争として危機や破局を通じて進行する。労働者階級こそ未来の担い手であり、労働者階級の独裁は、自由の領域へ、神なき神の国へと導く。そのときあらゆる階級の対立は消え去るのである。一八四八年の『共産党宣言』はひとつのメシア的な使信、世俗化された終末論である。歴史のキリスト教的目的論とその終末論とは、史的唯物論の立場から完全に世俗化された。搾取者は被搾取者との経済的な対立が歴史の運動をもたらすかぎり、歴史を善と悪の闘争として見るキリスト教的歴史観がここで世俗化されている、とブルトマンは見る。

「歴史の真の主体は何か」

啓蒙時代の哲学者たちは、人間の可能性と、歴史の進路を決する人間の力を信じていたが、一九世紀の歴史叙述は、ある種の相対主義に到達していたことをブルトマンは指摘する。そこで「変化」というものが歴史の法則とされ、いっさいの思考と評価がその時代と文化に依存しているとされた。歴史の叙述においては、出来事の因果関係に興味がもたれ、そして相対主義が発達した。これが、歴史を自然との類比によって理解するところの「歴史主義」の時代である。それは歴史家の主観性をとり去り、あらゆる価値判断を避けようとする。歴史叙述はまったく事実についての科学とされ、歴史的な事実が何であるかというようなことは問われない。このような、歴史の中に意味を見出すことへの絶望と、その結果としての進歩の信仰の放棄がシュペングラーの『西洋の没落』の前提であった。ここでは歴史主義は自然主義によって吸収されているといえるが、このような歴史の自然への還元は、歴史を円環運動としてとらえた古代人の理解を復活させたものである。

このような観点からブルトマンは、ブルクハルト、ヴィーコ、ヘルダー、シュペングラー、トインビーらの歴史観を概観する。そして最後に、「歴史は人格の精神的生の歴史として理解されてはならないであろうか。歴史の真の主体は何であるか。人類か。諸国民か。文明か。諸々の社会か。それとも人間か」という問いを発する。

「歴史の中の神」

ブルトマンによれば、聖書では人間が神との関係において見られている。聖書においては、神は絶対的な権威であり、あらゆる他の力から絶対的に独立している。そしてこの神は常に来たり、常に出会う神である。彼は永遠の神であると同時に、歴史の中で行為する神である。神の本性は何かというなら、それは「意志」であるといわざるをえない。人間が見、経験することのすべては、神の意志に基づいているのである。この神は歴史の神であり、常に新しく、常に歴史的な出会いを通して人間のもとに来る。また神は歴史を終わりにまで導く。また人間の本性は意志であり、それは善にも悪にもなり得るのであり、神の要求に対する服従は善であり、不服従が悪である。新約においては愛の命令が最高の命令である。神は歴史の中で人間と人間との間の交わりをもたらし、自らも人間との交わりの中に入ってくるのである。

歴史の本質とは

次にブルトマンは、伝承が伝える歴史的な記録文書をいかに理解するかという解釈学的な問題について論じる。もしそれらの記録文書を用いて歴史的過去の像を再構成しようとするなら、それらの文書は理解されなければならない。そのとき、それらの文書は語りかけてくるのである。歴史が解釈されるとき、そこには解釈学的方法が前提されている。歴史の本質と意味について論じられるとき、いかにして歴史を知ることが可能であるのか、そもそも歴史についての客観的知識というものが獲得されるものなのかどうか、ということが問題とならざるをえない。ブルトマンは、歴史科学において「客観性」というものが何を意味するのかを認識するためには、歴史叙述における二つの観点を区別すべきだという。その第一は、歴史家によって選ばれた観点であり、第二は、歴史との実存的な出会いである。

まず、歴史的な現象はさまざまな観点から見ることが可能で、政治史、経済史、あるいは個人と人格の歴史としても書かれることができる。すなわち歴史家の主観性とは、彼がある特殊な見方を選び、その研究がある特殊な問いからはじまることを意味する。なんらかの問いを立てることとなしには、ひとつの歴史像を描くことは不可能なのであり、またある特殊な観点からしてのみ歴史現象は認識されうるのである。だから歴史家の主観性というものは、客観的な歴史認識に不可欠なものなのである。

さらにブルトマンによれば、歴史家の主観性は、自分の研究のためにある特定の観点を選ぶということを越える。ひとつの観点を選ぶことの中に、すでに歴史との実存的な出会いがはたらいている。歴史は、歴史家自身がそれのただ中に立ち、それのうちに役割をもつときにだけ意味をもつ。歴史現象が歴史現象でありうるのは、それだけが孤立せずに、未来とかかわるときのみである。それぞれの歴史現象にはその未来が帰属するのである。そして歴史現象は、歴史が終わりに達したときにのみ、その本来の本質を示すのである。

このように歴史の意味についての問いは、歴史の終わりを知っていると信じる立場においてはじめて提出され答えられた。このことが終末論に依存していたユダヤ的、キリスト教的な歴史の理解において起こったのである。古代人は歴史の意味を問わず、歴史哲学を発展させなかったのであり、歴史哲学はキリスト教的思唯においてはじめて成長したのである、とブルトマンは言う。

またブルトマンによれば、現代のわれわれは歴史の終わりと目標を知っていると主張することはできないのであり、歴史の意味についての問いは無意味となった。しかし、個々の歴史現象の意味についての問いは残されている。つまり、現在に対する過去の歴史的な出来事や行為の重要性についての問いが残っており、また現在は未来に対する責任を負っている。過去と現在についての判断は連関しており、互いが他方によって明らかにされるのである。このような歴史的反省により、さまざまな過去の現象が真に歴史的な現象となり、その意味をあらわしてくるのである。

歴史的認識が主観的であるというのは、それが歴史家の個人的な好みに依存しているということではなく、真の歴史的な問いは自己の責任を感じる人間の歴史的な感動から生じるからである。だから歴史的研究には、歴史現象のただ中で語りかけてくる主張に耳を傾ける備えがなければならない。歴史家は、研究の結果を予測することはゆるされていないし、結果に対しては自分の個人的な願望を沈黙させなければならない。しかし、それは歴史家が自分の人格的な個性を殺さなければならないということではない。むしろ真の歴史的認識というものは、理解する主体がその人間的な個性を豊かに展開することを要求するものである。歴史に参与し、それによってゆさぶられる歴史家のみが、歴史を理解し得るのである。もっとも主観的な歴史解釈が、もっとも客観的な歴史解釈なのである。そして自己の歴史的実存によって動かされる歴史家だけが、歴史の要求を聴くことができることをブルトマンは強調する。

われわれはこのブルトマンの、未来に責任があるという考えに深く教えられる。とくに今日、世界の環境破壊などの問題が増大しており、われわれが子孫に対して大きな責任を負っていることを感じさせられている。人類は今日、自分たちの子孫の未来を破壊する力と可能性を手に入れてしまったからである。われわれは、過去の歴史と主体的に対決し、未来に対する責任を自覚する姿勢で歴史から学ばなければならないのである。

歴史の主体は人間

次にブルトマンは、さきの叙述とは異なった出発点から、ディルタイ、クローチェ、ヤスパース、コリングウッドなど近代の哲学者の思想を概観したあとで、キリスト教信仰と歴史とのかかわりについて述べる。それによると、われわれは全体的な経過において歴史の意味を問おうとしても、答えは得られない。なぜなら、そのような歴史の意味というものは、歴史の終着点に立って後をふり返ったり、歴史の外に立つことによってのみ認識されるものだからである。しかし、人間は歴史の内部に立つことしかできない。けれども歴史の意味についての問いは、別の意味、すなわち「歴史の本性」、「歴史の本質」についての問いとして提出されるのである。そしてこのことは、「歴史の核心は何か」、「歴史の真の主体は何か」という問いをつきつけるのである。ブルトマンは、この問いへの答えは「人間」であると言う。歴史家は、現在あり、過去にあり、未来にあるであろう人間を取りあつかわなければならない。人間の本来の本質は、行為によって生きることであり、歴史こそ人間の行為の場なのである。

人間の生が常に未来に向かっていることは、人間の行為がなんらかの目的や意図によってなされていることで明らかである。人間は生きているかぎり、決して現在には満足せず、意図・期待・希望・おそれにおいて、常に未来に向かっている。それは人間の真の生が、常に彼の前方にあるからである。生は常にとらえられ実現されねばならないものであり、人間は常に途上にある。現在の時は、未来によって問われ挑戦されている。人間がいま為し、企てるすべてのことが重要なのかそうでないのか、成功なのか失敗なのかは、未来においてのみ明らかにされるのである。

ブルトマンは、歴史を精神の歴史として見ようとする。精神は人間の思想においてのみ実現されるものであり、人間の思想というものは結局は個人個人の意図である。だから、歴史の主体は個々人の内にある人間性であると言える。かくして歴史の主体は人間であるということになる。そしてあらゆる歴史的状況の相対性が積極的な意味をもってくるのである。ここで、歴史性が未来に対する責任という意味をもってくる。それはまた、未来に目を向けることにおいて、過去の遺産に対して責任を負うことである。あらゆる瞬間は責任の今、決断の今なのであり、ここから歴史の統一が理解されなければならない。個々の人間はその決断において歴史の経過に責任がある。

「歴史の意味は常に現在にある」

ブルトマンは、新約においてはイエス＝キリストは終末論的な出来事であり、古き世界を終わらしめる神の行為であることを指摘する。この終末論的な出来事は、説教、および信仰において常に現在となるのである。信仰者にとっては、古き世界は終わったのであり、彼は「キリストにある新しい被造物」なのである。そして終末論的な出来事は、説教と信仰においてくり返し出来事となる。イエス＝キリストは、くり返し現存するものとして、説教を通して今ここでよびかけてくるものとして、終末論的現在なのである。

説教はよびかけであり、応答、すなわち決断を要求する。この信仰の決断においてわれわれは、神の恩寵によって自分自身から自由であるものとして、また新しい自己を与えられたものとして自分自身を理解することを決断するのである。またこの決断は、神の恩寵に基づく新しい生を受けとるという決断である。この決断をなすことによって、私はまた私の責任ある行為を新しく理解することについても決断するのである。

ブルトマンによれば、信仰者は世界からとり出されており、いわば世界に属さないものとして生存するわけであるが、それにもかかわらず世界内に、自分の歴史性の内にとどまる。そして歴史的であるということは、未来から生きるということである。信仰者は未来から生きるのである。信仰と自由は終末論的出来事に属するものとして決して過去の事実とはなりえず、出来事としてくり返し現実となる。また未来は常に自由の賜物を人に与えるのであり、キリスト教信仰はこの賜物をつかませる力なのである。自己自身からの自由は、歴史的決断の自由において実現される。そしてブルトマンによれば、あらゆる瞬間は終末論的な瞬間となる可能性をもっており、信仰においてこの可能性が実現されるのである。キリスト者は信仰を通して、自己の歴史性を失うことなしに歴史を越えた立場をもつことができるのである。

最後にブルトマンは、全体を概括して言う。自分は歴史の意味についての問いでこの講演をはじめたが、全体としての歴史の意味についての問いには、答えることができなかった。なぜならわれわれは、歴史の外に立つことはできないからである。ただ言えることは、歴史の意味は常に現在にあるということである。歴史の意味は、現在がキリスト教信仰によって終末論的現在として理解されるときに実現されるのである。自分たちの周囲を見まわして普遍史をのぞこうとしてはならない。それよりも、自分自身の個人的な歴史を見なければならない。歴史の意味は常にわれわれの現在にある。われわれはそれを見物人のように観察することはできないのであって、自分の責任ある決断において見なければならないのである。終末論的な瞬間となる可能性があるゆる瞬間の中にねむっているのであるから、それを目覚めさせなければならない、とブルトマンは主張する。

この七〇歳の時に英国でなされた講演においてブルトマンは、自己の実存論的解釈に基づいて古代以来の歴史の概念、歴史理解の系譜をたどり、そしてキリスト教信仰と歴史との密接な関係を明確にしている。このブルトマンの見解に接するとき、あらためてわれわれは自分がそのただ中に生きている歴史というものを、主体的に受けとめなければならないことを考えさせられる。われわれは歴史と真に出会い、決断し、歴史を形成していくことの責任を負っているのである。

V　ブルトマンと継承者たち

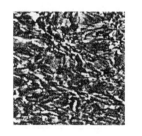

愛と誠実の人

晩年のブルトマン

マールブルクのブルトマンの家には多くの日本人が訪問している。晩年のブルトマンのすがたをありありと描写している小田切信男博士の文をここに引用しておこう。

「六月三〇日、うすら寒い朝を迎えました。私はギュンター先生とともにブレーメン駅八時四五分発の汽車に乗りこみ、マールブルク市に向かいました。ルドルフ＝ブルトマン先生を訪問する為であります。私は車中、山岡喜久男先生訳の『新約聖書と神話論』と『キリストと神話』を読み直しつつ、私自身の質問申し上げたい事項を約一六箇条にまとめました。汽車は一二時三〇分にマールブルク駅に到着致しました。一応昼食をとり、休息し、メモを幾度となく読みかえし、お約束の三時三〇分にお伺い致しました。車を降りて、坂のようになっている石の階段をかなり昇った高い所に、先生のお宅があり、お手伝いの人らしい婦人がひき下ると、すぐ先生が出ていらっしゃいました。

お目にかかった瞬間、私ははっと致しました。著書の先生のお写真は、どこかに、きりっとした、きびしい表情が見られ、さすがに、神学界の闘将を思わせるものがあります。しかし、今、直接、眼のあたりにお見受けした先生は、——日本の上品なおばあさんを思わせる——色の白い、頰《ほお》のぽちゃっと、たれ下がりぎみの、誠に柔和な、女性的とも見えるやさしい方でした。ギュンター先生の独乙人らしい礼譲に満ちた挨拶の後に、先生の書斎に通されました。その質素な書斎の中であの偉大な神学労作の生まれたことを考えますと、私はしばしば限りない尊敬の念に満たされました。先生の窓からは遠くの山が望見され、谷間も見下され、そこに点在する家々が調和よく美しい眺めとなっております。マールブルクーラーンと言われますように、この町はラーン川にそい、谷から山の手にと拡がったため、独特な風景を呈しており、平野の都市をのみ見て来た私には、目を楽しませるものがありました。

ブルトマン先生は、私のパンフレットを読んでいて下さいましたので、直ちに質疑にうつり、約束の一時間がすぎて辞去しようと致しますと、ドクターは遠い国から来たのだから、聞きたいことは充分質問するようにと申され、お言葉に甘え、準備致しました質疑の大部分を終り、二時間もすぎた頃、先生の英訳の著書のご寄贈に与《あずか》り、たそがれはじめた高台のお宅を辞去致したのであります。偉大な神学者の柔和な人柄に心温められて、私はたのしく、うれしく、マールブルクを去ることが出来ました。」（小田切信男『キリスト論・ドイツの旅』）

以上の小田切氏の文章からわれわれは、ブルトマンの温かい、そして謙虚な人柄を感ずることができる。ブルトマンに直接会うことのできた人々は、ほとんど例外なく、ブルトマンの人柄に感銘を与えられている。またブルトマンはよい夫人にも恵まれていたようで、ある日本の教授が訪問し

シュヴァイツァー

たさい、対談中にお茶をもって入って来た夫人とブルトマンがなにげなく目があって微笑みあったのをみて、あまりにそのふたりの笑顔がよかったので質問することを忘れてしまった、というようなことをその教授の授業の最中に聞いたことがある。またブルトマンは、この教授をつれて動物園に行ったこともあったそうであるが、議論に熱中して、動物の方はほとんど見ないで帰ってきたとかいうことである。カール＝バルトもよくバーゼルの動物園にかよったとのことであるが、日本の神学者も人間だけを相手に議論ばかりしていないで、ときどき動物園にいって日本ザルの生態を観察などしたらどうであろうか。その方が余裕のある幅のひろい思索を深めることができるかも知れない。

　また信仰者としてのブルトマンは敬虔な信者であり、教会の日曜礼拝のおりには受付の奉仕などもしていたということである。「非神話化」という激しい戦闘的な言葉から受けるものとは逆に、ブルトマン神学の追求するものは、現代人に聖書の福音を真に受容させ、理解させようとの真摯な願いの結晶以外の何ものでもないのである。

　ブルトマンは、五七歳でキリスト教の歴史にのこる非神話化の主張をした。バルトが『ロマ書』を発表したのは三三歳のときのことであり、ハイデッガーの『存在と時間』は三八歳のときだった。これに比べると、歴史にのこる独創的な、時代を変革させる画期的な思想を語ったのは、ブルトマンにおいてはかなりの年齢になってからのことになる。そういうところにもブルトマンの息の長さ、偉大さ、その思想の永続性があるように思われる。彼は晩年に至るまで、常に若々しくまた生産的でありつづけたのである。

ブルトマンの娘

またブルトマンの娘のひとり、アンティエ＝ブルトマン＝レムケ夫人は、現在シラキュース大学情報研究所の教授をしているが、大学図書館の中にあるアルベルト＝シュヴァイツァー文庫の責任者もつとめているということである。彼女は、シュヴァイツァーを研究する者には欠かすことの出来ない六〇〇頁余、五〇〇三項目におよぶ世界中のシュヴァイツァーの研究書をまとめた『シュヴァイツァー国際文献表』を一九八一年に発行している。またギュンスバッハにあるシュヴァイツァー記念館で毎年もたれる会にもしばしば参加し、シュヴァイツァーの資料の編纂・整理に努力している。こうした関係で彼女は、シュヴァイツァーのひとり娘レーナ夫人とは親友である。ブルトマンとシュヴァイツァーという同じ時代に生きたプロテスタントキリスト教のふたりの巨人が、このようなかたちでも関係していることは興味深い。

ブルトマンを継承する人々

ブルトマン学派

ブルトマンは、一九七六年七月三〇日でその栄光に満ちた九一歳一一ヵ月の生涯を閉じたが、この年に一九四〇年から五二年にかけて書かれた『コリント人への第二の手紙』が出版された。彼の盟友ハイデッガーもこの二ヵ月前の五月二六日に八七歳でこの世を去っていた。ブルトマンが二〇世紀のキリスト教に残した業績は巨大である。そして彼の生前からその思想を受けつぎ、発展させる優れた弟子たちにも彼は恵まれていた。日本から彼のもとを訪れた人々は、弟子たちが遠慮なくこの卓越した師を批判し、対等に議論しているのを見て驚かされたのである。ここにもブルトマンの謙虚な、そして忌憚《きたん》なく批判し合うことにおいて前進しつづける姿を見ることができる。彼の高弟たちは、決して師の語ったことをくり返したのではなく、師の敷いてくれた道を土台として、そこからさらに前進しつづけているのである。世に「バルト主義者」という言葉はあっても、「ブルトマン主義者」という言葉のない所以である。その代わりに「ブルトマン学派」、「ブルトマン後の人々」という言い方がなされている。その代表的な人々として次のような人々があげられよう。

フックス　エルンスト＝フックス（一九〇三〜）は、ブルトマンの実存論的聖書解釈学の課題を受けつぎながらも、言語は実存理解の伝達手段ではなく、新しい実存を創り出すものであると考える。彼が強調するのは、信仰が「言葉の出来事」であることである。また彼は、史的イエスと信仰のキリストの問題に関心を集中した。彼はイエスの行為に着目し、それが史的に確認可能であるばかりでなく、信仰的次元にとっても意味があると考え、史的イエスに対するブルトマンの消極的な態度を越えようとした。フックスによると、イエスは自分の行為を譬えによって解説しているのであり、イエスの行為こそそのメッセージを理解する鍵なのである。またブルトマンと違ってフックスは、ケーリュグマのキリストを理解するには、史的イエスを離れてはありえないと考えた。『パウロにおけるキリストと聖霊』（一九三二）、『解釈学』（一九五四）、『原始キリスト教のサクラメント理解』（一九五八）、『神学における解釈学の問題』（一九五九）、『史的イエスの問題』（一九六〇）などが代表的な著書である。

ボルンカム　ギュンター＝ボルンカム（一九〇五〜）は、内容に則して聖書を解釈することによって、批判的な聖書学と伝統的な信仰証言との断絶を克服しようとする。彼は、福音書がイエスの人物と生涯を歴史的に描いている箇所は注意深く検討すべきである、と言う。われわれはイエスの一貫した生涯を再現することはできないが、イエスの生涯のもっとも重要な特徴を知ることはできる。それによってイエスの姿と物語を、純粋に史的な方法で描き出すことができるというのである。またボルンカムは、イエスの権威を、イエスの言葉と行為の中に見出した。このイエスの権威は直接神から来たものであって、神の権威が常にイエスの中に存する。彼はブルトマンと違って、史的イエスの意義と復活節の告知の歴史性を強調した。彼は編集史的研究を自覚的に実行した最初の人物といわれる。著書には、『律法の終わり――パウロ研究』（一九五二）、『ナザレのイエス』（一九五六）、『古代世界と原始キリスト教の研究』（一九五九）、『パウロ』（一九六九）などがある。

ケーゼマン

エルンスト＝ケーゼマン（一九〇六〜）は、ナチスの時代には告白教会に参加し投獄体験をもつ神学者である。その後も彼の活動は、常に社会の問題とかかわっている。彼はキリスト教とグノーシス主義のかかわりについて宗教史的な研究をし、様式史的研究の分野でも大きな業績をあげている。また彼は、パウロの十字架の神学と義認論のもつ黙示文学的・宇宙的な次元を強調し、ブルトマンの実存論的解釈の個人性を批判した。ケーゼマンの論文「史的イエスの問題」（一九五三）で、史的イエスの「新しい」探究が開始されたといわれる。ここで彼は、キリスト教信仰があげられた主への信仰であるとして、史的イエスに意義を見出さないブルトマンを批判している。ケーゼマンによれば、ケーリュグマの中で宣教者は宣教される者となったが、この移行に史的断絶を見ることは正しくない。むしろ史的継続を可能にしているのがこの移行なのである。彼は史的イエスに対するブルトマンの消極的な態度を批判し、ケーリュグマの中に史的要素を見出し、ケーリュグマをこえて史的イエスに接近しようとする。「史的イエス」と「ケーリュグマのキリスト」との関係は、イエス自身の宣教と原始教団のイエスについての宣教との間の「継続と緊張」の問題なのである。著書には『肉体とキリストのからだ』（一九三三）、『さまよえる神の民』（一九三八）、『解釈学的な試みと黙想』一・二（一九六〇～六四）、『パウロ神学の核心』（一九六九）、『自由への叫び』（一九七三）、『ローマ人への手紙』（一九八〇）などがある。

エーベリンク

ゲルハルト＝エーベリンク（一九一二～）は、フックスの弟子でもあり、フックスと多くの共通するものをもっている。ルターの聖書解釈についての論文「福音主義的な福音書解釈」（一九四二）において教会史家として出発したが、のちに組織神学に移っていった。彼はとくに解釈学を基礎とした神学の確立をめざして、「言葉の出来事」に思索を深めていき、言葉と信仰とのかかわりを探究した。彼は、神学的言表の存在論的基礎を問う基礎神学の分野での開拓者でもある。彼によれば、キリスト教はその史的起源から切り離されれば崩壊してしまう。この起源は、他の歴史的現象から区別された唯一回的、絶対的な出来事である。もし信仰が史的イエスに土台をおいていないなら、それはキリスト教信仰ではない。史的イエスの研究から神学は離れることはできないのである。イエスの中で表現されているものは信仰であり、信仰において、史的イエスとキリストが一致する。信仰は実存をその根拠に向かわせ、実存を根拠づける。また信仰は実存をよびさまし、それをたしかにする。そして宣教されるべきキリストは、実存的に理解されたイエスである。イエスは神との実存的な出会いを教えてくれたのであり、彼の言葉に実存的に出会い、神と本当に出会った時にのみ、われわれはイエスを真実に理解できるのである。このように正しく理解されたイエスこそ、キリストである。イエスの信仰を正しく理解するということは、イエスの信仰を、すべての人間がかかわる実存の根拠として受け入れるということなのであるというのがエーベリンクの主張である。著作には『キリスト教信仰の本質』(一九五九)、『言葉と信仰』一～三(一九六〇～七五)、『ルター思想入門』(一九六四)、『キリスト教信仰の教義学』一～三(一九七九)などがある。

コンツェルマン　ハンス＝コンツェルマン(一九一五～)は、編集史的研究を実行したもっとも重要な人物といわれる。彼は一九五四年に出版された『時の中心――ルカの神学の研究』においてルカ文書の文学的・神学的構造を解明したが、この方法論において、新約学研究が新しい出発をしたということができる。この書により、従来のルカに対する考え方が修正され、歴史家ルカが自覚的に神学者たろうとしていたことが明らかにされたのである。彼によれば、様式史は小さい伝承の断片をそのおかれた枠組みから解放し、それが元来もっていたもとの形にもどして理解しようとする。しかし、彼自身はそれの枠組みの方に関心をもち、その伝承が発展してきた段階の上でもっていた形態の方を問題にする。彼は、ルカの本分を彼の資料(主にマルコ)と比較し、編集者ルカの手になるものは何であるのかを探究する。次に、この編集にはいかなる神学的動機がはたらいていたのかを確定する。こうして彼は、ルカおよび使徒行伝の全体像が、どのようにルカの神学的意図を反映しているのかを明らかにした。このコンツェルマンの研究以来、ルカは歴史家としてよりも神学者として見られるようになった。そして今日の信仰と歴史の問題、すなわち「史的イエスの問題」に、すでにルカが取り組んでいたことが明らかにされたのである。著作としては、この他に『使徒行伝』(一九六三)、『新約聖書神学概論』(一九六七)などがある。

以上の人々の他にも、ブルトマンの立場に依拠しつつ自己の独自の神学を形成し研究しつづけている優れた学者はまだまだいるが、紙数の制限上、紹介はこれぐらいにしておく。

あとがき

本書でこれまで、私はブルトマンの神学思想を概観してきた。できるだけキリスト教になじみのない人々にも親しんでもらえるように興味深く、かつわかりやすく紹介するという当初の目的が、どの程度達成されたかは自信がない。しかしこれを機会に、さらにブルトマンの著書に親しみ、聖書が現代人にとっても十分に読む価値のある書物であることを理解し、聖書のメッセージと直接に出会う方々が増えるなら、うれしく思う。

この本が初心者のための入門書であるという関係上、引用した箇所などをいちいち明記することはできるだけ避けた。しかしこれを作成するにあたって、新教出版社の『ブルトマン著作集』をはじめとして、すでに発行されているブルトマンの著書の翻訳、およびその中に記されている解説を多く参考にさせていただいたことに感謝しておきたい。とくに、熊沢義宣氏の『ブルトマン』（日本キリスト教団出版局、一九六五、増訂版）から多くのことを教えられたことに対して、ここに感謝の念を表明しておきたい。

ブルトマンを専門に研究してきたというほどの者でもない私の、これを機会にブルトマンをいっそう深く理解したいという当初の目論見は成功した。私はこれまでは、主にアルベルト＝シュヴァイツァーについて研究してきたのであるが、今回ブルトマンを学んでみて、シュヴァイツァーとはまた違った方面で、大きな人物であることをあらためて知ることができた。私のブルトマンに対する理解と尊敬の念はいっそう強められたのである。

この拙い小著をとおしてブルトマンを知る人々が増え、それによって日本のキリスト教がさらに前進するなら、それは私にとって大きな喜びである。

おわりに、本書の出版を実現させて下さった清水書院の清水幸雄氏と編集部の徳永隆氏への感謝の気持ちをここで明らかにしておきたい。

一九九〇年九月

ブルトマン年譜

西暦	年齢	年譜	参考事項
一八八四		8・20、北ドイツ、オルデンブルク地方のヴィーフェルステーデで、ルター派の牧師アルトゥールと母ヘレーネの長男として生まれる。	清仏戦争（〜八五） ベルリン会議（〜八五）
九二	8	ラステーデの小学校に入学する。	
九五	11	オルデンブルクのギムナジウムに入学し、汽車で通う。	エンゲルス死去（一八二〇〜）。
九七	13	父がオルデンブルク市ランベルティ教会に転任する。	
一九〇三	19	テュービンゲン大学神学部に入学する。	
〇五	21	ベルリン大学に移り、グンケル、ハルナックに接する。	ロシア、血の日曜日。 第一次モロッコ事件。
〇六	22	マールブルク大学に移り、ユーリヒャー、ヴァイス、ヘルマンに接する。 ギムナジウムの教師となる（〜〇七）。	ボンヘッファー生まれる（〜四五）。
〇七	23	第一次神学試験に合格する。寮長の職と奨学金を得てマールブルクに戻る。	
〇八	24	マールブルク大学で2歳年下のバルトと会い、以後生涯にわたってよい論敵として親交を結ぶ。	キルケゴールのドイツ語訳全集刊行開始。

一九一〇	26	『パウロの説教の文体と犬儒派・ストア派の講話』を完成し、リツェンツィアートの学位を受ける。	
一二	28	就職論文「モプスエスティアのテオドロスの釈義」により、マールブルク大学神学部私講師になる。	
一四	30		第一次世界大戦おこる。
一六	32	ブレスラウ大学助教授に就任。結婚して、間もなく二人の娘を与えられる。	
一八	34		ドイツ革命。第一次世界大戦終結。
二〇	36	ギーセン大学教授に就任。	国際連盟、成立。
二一	37	マールブルク大学教授に就任。『共観福音書伝承史』を出版し、様式史的方法を提唱。	ドイツ福音主義教会連盟、結成。
二二	38	バルト、ゴーガルテン、トゥルナイゼンらが雑誌「時の間」を創刊し、ブルトマンもこれに賛同する。	バルト『ロマ書』第二版
二三	39	ハイデッガーがマールブルクに助教授として来任し、以後二八年まで同僚として深い交わりをもつ。	トレルチ死去（一八六五〜）。ブーバー『我と汝』
二四	40	バルトがゲッティンゲンから12名の学生をつれてマールブルクに来る。「自由主義神学と最近の神学運動」を「時の間」に寄稿。	ベテルで社会問題に関するドイツ福音教会会議、開かれる。

一九二五	41	ティリッヒがマールブルク大学に助教授として来任。三女誕生。バルトが再び約40名の学生をつれてマールブルクに来る。『共観福音書の研究』「神を語ることは何を意味するのか」	ヒンデンブルク、大統領に就任。
二六	42	ダンツィヒにバルトとともに講演に行く。『イエス』	
三三	49	ナチスのアーリア条項に対して、マールブルク大学の同僚とともに反対の意見を表明する。論文集『信仰と理解』I	ヒトラー、首相となる。日本、国際連盟脱退。「時の間」廃刊。
三四	50	ナチスに対する宣誓に関してバルトを批判する。	ヒトラー、総統となる。中国共産党の長征。
三五	51		ドイツ、再軍備宣言。
三六	52		ドイツ、ラインラント進駐。
三七	53		日中戦争はじまる。日独伊三国防共協定。
三八	54		ミュンヘン会談。
三九	55		独ソ不可侵条約締結。第二次世界大戦おこる。
四一	57	アルピルスバッハでの集いで『新約聖書と神話論』のもとになる講演を行い、非神話化を提唱する。	独ソ戦はじまる。大西洋憲章発表。

一九四四	60	『ヨハネ福音書』 ボンヘッファー、獄中書簡でブルトンの神学について書く。	太平洋戦争勃発。 パリ解放。 イタリア降伏。
四五	61	大戦後、マールブルクに来たバルトと会う。	第二次世界大戦終結。 国際連合成立。
四七	63	スウェーデン文化交流協会に招かれ、8週間滞在する。	パリ平和条約調印。 コミンフォルム結成。
四八	64	「新約聖書と神話論」がバルチュ編『宣教と神話』Iに再録され、非神話化が多くの人々の関心をよび、キリスト教界に衝撃を与える。 スウェーデンから再び招待される。 『新約聖書神学』I～III（～五三）	西ヨーロッパ連合条約締結。 ソ連、ベルリン封鎖。 国連、世界人権宣言を採択。 バルチュ編『ケーリュグマと神話』I～V（～六〇）
四九	65	『原始キリスト教』「東洋および西洋の宗教としてのキリスト教」 ヴォルフ編による『六五歳記念論文集』が献呈される。	北大西洋条約機構成立。 ドイツ連邦共和国（西独）とドイツ民主共和国（東独）の成立。
五〇	66	ハルナックの『キリスト教の本質』新版に序文を書く。	ハイデッガー『森の道』
五一	67	三〇年間教鞭をとったマールブルク大学を退任する。 イェール大学の招きでアメリカを訪問し、3カ月滞在する。	対日平和条約、日米安全保障条約調印。
五二	68	『信仰と理解』II、「非神話化の問題のために」	ヨーロッパ防衛共同体条約

一九五三	69	バルト、『ルドルフ＝ブルトマン――彼を理解するためのひとつの試み』を刊行。	調印。 クローチェ死去（一八六六〜）。 バルト『教会教義学』Ⅳ／1「和解論」 ゴーガルテン『非神話化と教会』 ブルンナー『永遠』
五四	70	バーゼルで「歴史と終末論」の講演。バルトも聴衆として聴く。 『新約学研究』（70歳記念論文集）が献呈される。 イギリス、セント＝アンドリュー大学から名誉神学博士号を受ける。 「非神話化の問題のために――カール＝ヤスパースへの回答」	ジュネーヴ会議。 周恩来・ネルー会談で平和五原則を声明。 東南アジア条約機構結成。 フックス『解釈学』
五五	71	イギリスのエディンバラのギフォード講演で「歴史と終末論」を語る。 オット、『ルドルフ＝ブルトンマンの神学における歴史と救済史』を刊行。	ワルシャワ条約調印。 西ドイツ、主権の回復。 ボルンカム『ナザレのイエス』
五六	72	『マールブルク説教集』	スエズ戦争。 ハンガリー動乱。

一九五七	73	『歴史と終末論』	欧州経済共同体条約調印。
五八	74	『イエス・キリストと神話論』	
五九	75	アメリカ訪問、シラキュース大学より名誉神学博士号を受ける。 マールブルク大学より名誉哲学博士号を受ける。	キューバ革命。 エーベリンク『キリスト教信仰の本質』 フックス『神学における解釈学の問題』
六〇	76	『信仰と理解』III	エーベリンク『言葉と信仰』 フックス『史的イエスの問題』
六二	78		第二バチカン公会議(～六五)。 キューバ危機。
六四	80	『時間と歴史』(80歳記念論文集)を献呈される。	
六五	81	『信仰と理解』IV	シュヴァイツァー(一八七五～)とティリッヒ(一八八六～)死去。
六六	82		ブルンナー死去(一八八九～)。
六七	83	『エグゼゲーティカ――新約聖書学論文集』『ヨハネ書簡』	ゴーガルテン死去(一八八七～)。
六八	84	『バルト＝ブルトマン　往復書簡集』(ヤスペルト編)	

一九七六 八四	91	『コリント人への第二の手紙』 7・30、死去（91歳11カ月）。 生誕一〇〇周年の記念として、著書『パウロの説教の文体と犬儒派・ストア派の講話』（再刊）、『モプスエスティアのテオドロスの釈義』、『神学通論』、『宣べ伝えられた言葉』、および『ルドルフ＝ブルトマンの業績と影響』（記念論文集）が刊行される。	ヴェトナム統一。 ハイデッガー死去（一八八九〜）。

参考文献

ここでは日本語で出版されているものに限り、紹介しておきたい。

●ブルトマンの著作の翻訳書

『ブルトマン著作集』（全15巻）――――新教出版社　一九八〇～
ブルトマンの主な著作はこの中に入れられ、刊行中である。
1　共観福音書伝承史Ⅰ　加山宏路訳
2　共観福音書伝承史Ⅱ　加山宏路訳
3　新約聖書神学Ⅰ　川端純四郎訳
4　新約聖書神学Ⅱ　川端純四郎訳
5　新約聖書神学Ⅲ　川端純四郎訳
6　イエス・原始キリスト教　八木誠一・山本泰生訳
7　聖書学論文集Ⅰ　杉原助訳
8　聖書学論文集Ⅱ　杉原助訳
9　聖書学論文集Ⅲ　青野太潮訳
10　聖書学論文集Ⅳ（未刊）
11　神学論文集Ⅰ　土屋博訳
12　神学論文集Ⅱ　山岡喜久男・小野浩・川村永子訳
13　神学論文集Ⅲ　川村永子訳

14　神学論文集Ⅳ　山形孝夫・一柳やすか訳
15　神学論文集Ⅴ（未刊）
『新約聖書と神話論――新約聖書的宣教の非神話化の問題』　山岡喜久雄訳 ―― 新教出版社　一九五四、一九六〇（増訂第4版）
『歴史と終末論』　中川秀恭訳 ―― 岩波書店　一九五九
『キリストと神話』　山岡喜久男・小黒薫訳 ―― 新教出版社　一九六〇
『原始キリスト教――古代諸宗教の圏内における』　米倉充訳 ―― 新教出版社　一九六一
『史的イエスとキリスト論』　飯清・橋本滋男訳 ―― 理想社　一九六五
「共観福音書の研究」（『聖書の伝承と様式――キリスト教の起源』）　山形孝夫訳 ―― 未来社　一九六七
「非神話化の問題のために――ヤスパースへの回答」（『聖書の非神話化批判――ヤスパース・ブルトマン論争』、ヤスパース選書Ⅶ）　西田康二訳 ―― 理想社　一九六二
「マールブルク説教集」（『現代キリスト教思想叢書』11）　西谷裕作・中山善樹訳 ―― 白水社　一九八〇
『ヨハネの手紙』　川端純四郎訳 ―― 日本基督教団出版局　一九八七

●ブルトマン研究書

『ブルトマン』　熊沢義宣著 ―― 日本基督教団出版部　一九六二、一九六五（増訂版）
「キルケゴールとブルトマン」（キルケゴール著作集月報12）　熊沢義宣著 ―― 白水社　一九六四
「ブルトマンの神学」（『現代神学入門』）　ヘルマン＝リダボス著　山中良知訳　聖書図書刊行会　一九六六
「ブルトマンとハイデッガー――信仰と思惟」（『ハイデッガー論攷』）　辻村公一著 ―― 創文社　一九七一
「ルードルフ・ブルトマンへの答え――非神話化の問題にかかわる諸テーゼ」（『旧新約聖書の一つの使信』）　ユリウス＝シュニーヴィント著　関根正雄・森田外雄訳 ―― 新地書房　一九八七
『ブルトマンと共に読むヨハネ福音書』（上・中・下）　白井きく著 ―― 白順社　一九九四

さくいん

【人名】

【事　項】

【書名】

ブルトマン■人と思想46　　定価はカバーに表示

1991年7月20日　第1刷発行©
2015年9月10日　新装版第1刷発行©

・著　者 ……………………………………笠井《かさい》　恵二《けいじ》
・発行者 ……………………………………渡部　哲治
・印刷所 ………………………………広研印刷株式会社
・発行所 ……………………………株式会社　清水書院

〒102-0072　東京都千代田区飯田橋3-11-6
Tel・03(5213)7151～7
振替口座・00130-3-5283
http://www.shimizushoin.co.jp

検印省略
落丁本・乱丁本はおとりかえします。

CenturyBooks

Printed in Japan
ISBN978-4-389-42046-8

CenturyBooks

清水書院の〝センチュリーブックス〟発刊のことば

近年の科学技術の発達は、まことに目覚ましいものがあります。月世界への旅行も、近い将来のこととして、夢ではなくなりました。しかし、一方、人間性は疎外され、文化も、商品化されようとしていることも、否定できません。

いま、人間性の回復をはかり、先人の遺した偉大な文化を継承して、高貴な精神の城を守り、明日への創造に資することは、今世紀に生きる私たちの、重大な責務であると信じます。

私たちがここに、「センチュリーブックス」を刊行いたしますのは、人間形成期にある学生・生徒の諸君、職場にある若い世代に精神の糧を提供し、この責任の一端を果たしたいためであります。

ここに読者諸氏の豊かな人間性を讃えつつご愛読を願います。

一九六七年

SHIMIZU SHOIN

【人と思想】既刊本

老子	高橋進
孔子	内野熊一郎他
ソクラテス	中野幸次
釈迦	副島正光
プラトン	中野幸次
アリストテレス	堀田彰
イエス	八木誠一
親鸞	古田武彦
ルター	小牧治・泉谷周三郎
カルヴァン	渡辺信夫
デカルト	伊藤勝彦
パスカル	小松摂郎
ロック	浜林正夫他
ルソー	中里良二
カント	小牧治
ベンサム	山田英世
ヘーゲル	澤田章
J・S・ミル	菊川忠夫
キルケゴール	工藤綏夫
マルクス	小牧治
福沢諭吉	鹿野政直
ニーチェ	工藤綏夫
J・デューイ	山田英世
フロイト	鈴村金彌
内村鑑三	関根正雄
ロマン＝ロラン	村上嘉隆・村上益子
孫文	横山英・中山義弘
ガンジー	坂本徳松
レーニン	中野徹三・高岡健次郎
ラッセル	金子光男
シュバイツァー	泉谷周三郎
ネルー	中村平治
毛沢東	宇野重昭
サルトル	村上嘉隆
ハイデッガー	新井恵雄
ヤスパース	宇都宮芳明
孟子	加賀栄治
荘子	鈴木修次
アウグスティヌス	宮谷宣史
トーマス・マン	村田經和
シラー	内藤克彦
道元	山折哲雄
ベーコン	石井栄一
マザーテレサ	和田町子
中江藤樹	渡部武
ブルトマン	笠井恵二
本居宣長	本山幸彦
佐久間象山	奈良本辰也・左方郁子
ホッブズ	田中浩
田中正造	布川清司
幸徳秋水	絲屋寿雄
スタンダール	鈴木昭一郎
和辻哲郎	小牧治
マキアヴェリ	西村貞二
河上肇	山田洸
アルチュセール	今村仁司
杜甫	鈴木修次
スピノザ	工藤喜作
ユング	林道義
フロム	安田一郎
マイネッケ	西村貞二
エラスムス	斎藤美洲
パウロ	八木誠一
ブレヒト	岩淵達治
ダンテ	野上素一
ダーウィン	江上生子
ゲーテ	星野慎一
ヴィクトル＝ユゴー	辻昶・丸岡高弘
トインビー	吉沢五郎
フォイエルバッハ	宇都宮芳明

ラス＝カサス	染田秀藤
吉田松陰	高橋文博
パステルナーク	前木祥子
パース	岡田雅勝
南極のスコット	中田修
アドルノ	小牧治
良寛	山崎昇
グーテンベルク	戸叶勝也
ハイネ	一條正雄
トマス＝ハーディ	倉持三郎
古代イスラエルの預言者たち	木田献一
シオドア＝ドライサー	岩元巌
ナイチンゲール	小玉香津子
ザビエル	尾原悟
ラーマクリシュナ	堀内みどり
フーコー	今村仁司 栗原仁
トニ＝モリスン	吉田廸子
悲劇と福音	佐藤研
リルケ	星野慎一 小磯仁
トルストイ	八島雅彦
ミリンダ王	森祖道 浪花宣明
フレーベル	小笠原道雄

ヴェーダからウパニシャッドへ	針貝邦生
ベルイマン	小松弘
アルベール＝カミュ	井上正
バルザック	高山鉄男
モンテーニュ	大久保康明
ミュッセ	野内良三
ヘルダーリン	小磯仁
チェスタトン	山形和美
キケロー	角田幸彦
紫式部	沢田正子
デリダ	上利博規
ハーバーマス	小牧治 村上隆夫
三木清	永野基綱
グロティウス	柳原正治
シャンカラ	島岩
ハンナ＝アーレント	太田哲男
ミダース王	西澤龍生
ビスマルク	加納邦光
オパーリン	江上生子
アッシジのフランチェスコ	川下勝
スタール夫人	佐藤夏生
セネカ	角田幸彦

ペテロ	川島貞雄
ジョン・スタインベック	中山喜代市
漢の武帝	永田英正
アンデルセン	安達忠夫
ライプニッツ	酒井潔
アメリゴ＝ヴェスプッチ	篠原愛人
陸奥宗光	安岡昭男